영어가
가벼워지는
시간

영어가
가벼워지는
시간

MY DAILY JOURNAL
in English

김유상 지음

동양북스

No one is going to Judge You by this Diary

아무도 이 영어 일기를 보고 당신을 판단하지 않는다

원래 일기를 꾸준히 쓰는 편은 아니었어요. 초등학생 때 단골 방학 숙제였던 일기 쓰기도 매번 미뤄두었다가 개학 며칠 전에 허겁지겁 쓰기 바빴고 그 이후에 커서도 딱히 흥미를 갖지 못했죠. 그런 제가 어쩌다 영어로 일기를 적게 된 건지 곰곰이 생각해 봤어요. 고등학생 때부터 싹트기 시작한 영국 영어를 향한 애정은 대학 다니면서 본격적으로 발현되었고 그렇게 몇 년간의 노력 끝에 이제는 어디 가서 당당하게 영어로 말을 건넬 수 있을 정도가 되었답니다.

하지만 그 뿌듯함을 온전히 느껴보기도 전에 제 라이팅 실력은 아직도 형편없다는 것을 깨달았어요. 스피킹 공부를 처음 시작할 당시 '진짜 원어민처럼 유창하게 영어로 대화하고 싶다'라는 생각이 들었던 것처럼 제 안에서는 이제 다른 바람이 자리 잡고 있었던 것 같아요.

'언젠가 영어로 글도 정말 잘 쓸 수 있는 사람이 되고 싶다.'

우리말도 그렇지만 영어에서도 '글'은 '말'과는 또 다른 세계 같아요. 말을 잘하는 사람들은 많지만, 그 사람들이 모두 글을 잘 쓰는 것은 아니에요. 잘 쓰인 영어 글들을 읽으면 읽을수록 우리말이 영어로 잘 번역된 듯한 느낌이 드는 것이 아니라 그것을 뛰어넘는 특유의 표현과 어투가 있다고 느꼈어요. 멋스럽고 세련되었지만 과장되지 않고 담백해서 말하는 바가 뚜렷하다고 할까요. 이건 정말 많은 양의 글을 읽고 써본 사람들만이 가질 수 있는 노력의 산물이라는 걸 여실히 깨달았답니다. 그리고 전 그 노력의 첫걸음을 영어 일기 쓰기로 내디딘 것이죠.

제가 글씨를 비교적 자주, 오래 쓰기 시작한 것은 영어 필기체 공부를 시작하면서부터였어요. 처음에 알파벳 하나씩 익히는 데에는 꽤 오랜 시간과 정성이 필요했지만 조금 익숙해진 뒤로는 너무 재미있었거든요. 적고 싶은 영어 문장들을 적을 때 제 글씨체가 나름 멋스럽게 느껴지고 퍽 맘에 들기도 했어요. 그렇게 오랜 시간 필사하면서 다듬어 왔던 제 필기체로 영어 일기를 적기 시작했죠. 처음에는 영어로 무언가를 쓰는 것에 초점이 맞춰져 있었지만, 쓰다 보니 짧게라도 스스로에 대해 생각할 수 있는 소중한 시간이 생겼다는 생각에 참 뿌듯했어요. 일기를 쓰면서 저를 더 잘 알게 되었다고 할까요? 이 책을 통해 여러분이 스스로와 더 가까워지고 친해질 수 있기를 바라며 그에 도움이 될 만한 질문을 매일 하나씩 넣어 두었습니다.

솔직히 고백하자면 아직도 저는 제가 만족하는 만큼의 라이팅 실력에 도달하지는 못했어요. 하지만 지금도 꾸준히, 또 적당히 게으르게 연습 중이랍니다. 여러분의 일기를 보고 누구도 지적하지 않을 테니 하루에 쓰고 싶은 만큼만, 쓰고 싶은 단어들만 골라 쓰는 것부터 '시작'해 보시길 추천해요. 처음에는 쓰고 싶은 단어가 바로 생각나지 않겠지만, 이건 영어 일기를 써 본 적이 없다면 너무나도 당연한 것이니 지레 겁먹거나 주눅들 필요 없어요. 우리에겐 인터넷이라는 든든한 친구가 있으니 모르면 언제든 그 친구에게 물어보는 것도 좋죠! 하루에 10분을 써도 되고 5분만 써도 돼요. 주제, 길이, 형태 등 어떤 제약도 없다는 사실을 기억하며 첫 시작에 대한 막막함과 두려움을 이겨내 보기를 진심으로 바랍니다.

김유상 *Erin*

Contents

프롤로그 • 4

《영어가 가벼워지는 시간》**활용법** • 8

《영어가 가벼워지는 시간》 활용법

오늘의 문장
취향에 맞는 음성 파일을 들으며 따라 읽어 보세요.
먼저 문장의 의미를 스스로 생각해 보고,
아래의 한국어 해석과 비교해 봐도 좋아요.

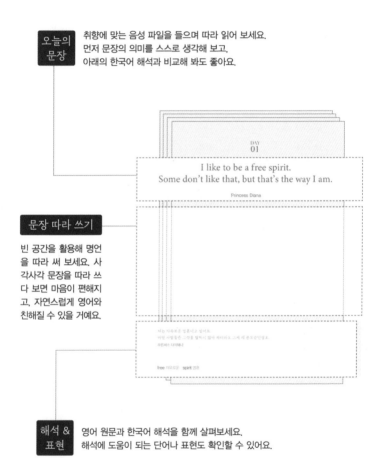

DAY
01

I like to be a free spirit.
Some don't like that, but that's the way I am.

Princess Diana

문장 따라 쓰기

빈 공간을 활용해 명언
을 따라 써 보세요. 사
각사각 문장을 따라 쓰
다 보면 마음이 편해지
고, 자연스럽게 영어와
친해질 수 있을 거예요.

저는 자유로운 영혼이고 싶어요.
어떤 사람들은 그것을 탐탁지 않아 하지만, 그게 제 본모습인걸요.
《프린세스 다이애나》

free 자유로운 spirit 영혼

해석 & 표현
영어 원문과 한국어 해석을 함께 살펴보세요.
해석에 도움이 되는 단어나 표현도 확인할 수 있어요.

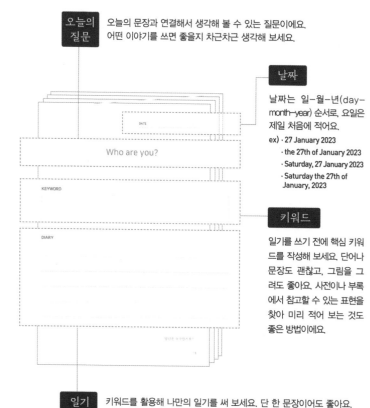

오늘의 질문
오늘의 문장과 연결해서 생각해 볼 수 있는 질문이에요.
어떤 이야기를 쓰면 좋을지 차근차근 생각해 보세요.

날짜
날짜는 일–월–년(day–month–year) 순서로, 요일은 제일 처음에 적어요.
ex) · 27 January 2023
· the 27th of January 2023
· Saturday, 27 January 2023
· Saturday the 27th of January, 2023

DATE

Who are you?

KEYWORD

키워드
일기를 쓰기 전에 핵심 키워드를 작성해 보세요. 단어나 문장도 괜찮고, 그림을 그려도 좋아요. 사전이나 부록에서 참고할 수 있는 표현을 찾아 미리 적어 보는 것도 좋은 방법이에요.

DIARY

일기 쓰기
키워드를 활용해 나만의 일기를 써 보세요. 단 한 문장이어도 좋아요.
영어로 문장을 쓰는 것이 어렵다면 이렇게 해 보세요.

① 사전에서 예문을 찾아 그대로 옮기거나 변형해 써 보세요.
② 부록 '영어가 가벼워지는 표현 사전'을 참고해 보세요.
③ 올인원 페이지에서 '유상's 샘플 일기'를 참고해 보세요.

《영어가 가벼워지는 시간》 활용법

유상's pick
콘텐츠

영화·책·유튜브 등 영어를 공부하면서 도움을 받았던
다양한 콘텐츠 중 가장 재미있고 유익한 콘텐츠를 뽑았어요.
재미와 학습 효과를 동시에 느낄 수 있을 거예요.

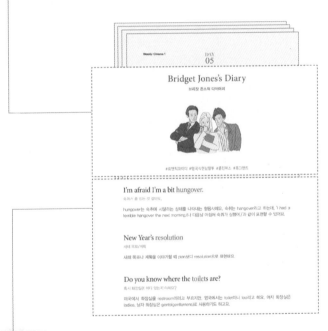

Weekly Cinema 1　　　DAY
05

Bridget Jones's Diary
브리짓 존스의 다이어리

#로맨틱코미디 #영국식현실발동 #콜린퍼스 #휴그랜트

I'm afraid I'm a bit hungover.

숙취가 좀 있는 것 같아요.

hungover는 숙취에 시달리는 상태를 나타내는 형용사예요. 숙취는 hungover라고 하는데, I had a
terrible hangover the next morning.(나 다음날 아침에 숙취가 심했어.)과 같이 표현할 수 있어요.

New Year's resolution

새해 목표/계획

새해 목표나 계획을 이야기할 때 (new) resolution으로 표현해요.

Do you know where the toilets are?

혹시 화장실은 어디 있는지 아세요?

미국에서 화장실을 restroom이라고 부르지만, 영국에서는 toilet이나 loo라고 해요. 여자 화장실은
ladies, 남자 화장실은 gents(gentlemen)로 사용하기도 하고요.

유상's pick
표현

콘텐츠 속 가장 활용도 높고 살아 있는 표현들을 뽑아 정리했어요.
나중에 꼭 써 보고 싶은 표현이 나오면 그때그때 기억해 두세요.

나만의 표현 사전

옆 페이지에 소개된 콘텐츠도 좋고, 평소에 보고 싶었던 콘텐츠도 좋아요. 흥미를 잃지 않고 꾸준히 즐길 수 있는 콘텐츠를 골라 나만의 표현들을 수집해 보세요.

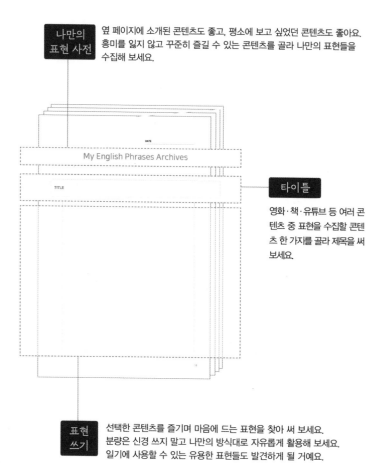

DATE

My English Phrases Archives

TITLE

타이틀

영화·책·유튜브 등 여러 콘텐츠 중 표현을 수집할 콘텐츠 한 가지를 골라 제목을 써 보세요

표현 쓰기

선택한 콘텐츠를 즐기며 마음에 드는 표현을 찾아 써 보세요. 분량은 신경 쓰지 말고 나만의 방식대로 자유롭게 활용해 보세요. 일기에 사용할 수 있는 유용한 표현들도 발견하게 될 거예요.

《영어가 가벼워지는 시간》 활용법

① 책 활용법

STEP1 오늘의 문장 따라 쓰기

취향에 맞는 음성 파일을 들으며 문장을 따라 써 보세요.
어느 순간 영어가 일상에 자연스럽게 스며들게 될 거예요.

STEP2 오늘의 질문 보고 일기 쓰기

질문을 보고 하고 싶은 이야기를 자유롭게 써 보세요.
영어로 자신의 생각을 표현할 수 있는 힘이 생길 거예요.

STEP3 나만의 표현 사전 만들기

꾸준히 즐길 수 있는 콘텐츠를 골라 표현을 수집해 보세요.
나만의 표현이 쌓일수록 영어 실력도 크게 향상될 거예요.

② QR 활용법

영상 자료실

책 활용법·영어 공부법 등
저자의 노하우가 담긴 다양한
영상들을 확인해 볼 수 있어요.

MP3 자료실

저자 낭독 MP3부터 영국&미국
원어민 MP3까지 취향에 맞는
MP3 파일을 골라 들을 수 있어요.

학습 자료실

유상 일기·표현 노트 등 영어 습관
형성에 도움을 주는 학습 자료들을
무료로 다운로드 할 수 있어요.

기타 자료실

저자의 감성이 가득 담긴
필기체와 사진들을 다운로드 해
바탕화면으로 활용할 수 있어요.

 다양한 음원과 영상, 학습 자료를 확인할 수 있는
올인원 페이지 QR코드를 스캔해 보세요.

Don't count the days,
make the days count.

Muhammad Ali

그저 날짜를 세는 것이 아니라,
하루하루를 중요하게 만드세요.

무하마드 알리

I like to be a free spirit.
Some don't like that, but that's the way I am.

Princess Diana

————

저는 자유로운 영혼이고 싶어요.
어떤 사람들은 그것을 탐탁지 않아 하더라도 그게 제 본모습인걸요.
프린세스 다이애나

free 자유로운   **spirit** 영혼

Who are you?

KEYWORD

_____

DIARY

_____

_____

_____

_____

_____

_____

_____

당신은 누구인가요?

The time to relax is
when you don't have time for it.

Sydney J. Harris

———

쉴 시간도 없을 때야말로 쉬어야 할 때예요.

시드니 J. 해리스

time 시간　**relax** 쉬다　**when** ~할 때

How do you relax?

KEYWORD

DIARY

A friend is one who knows you and loves you just the same.

Elbert Hubbard

———

친구란 당신을 다 알고도 사랑해 주는 사람이에요.

엘버트 허버드

friend 친구　**know** 알다　**love** 사랑하다

How would your best friend describe you?

KEYWORD

DIARY

제일 친한 친구는 당신을 어떤 사람이라고 하나요?

Time has a wonderful way
of showing us what really matters.

Margaret Peters

———

시간은 우리에게 정말 중요한 것이 무엇인지 훌륭하게 가르쳐 주죠.

마가렛 피터스

show (~을 하는 법을) 가르쳐 주다   **matter** 중요하다

If you had 25 hours each day,
how would you use the extra hour?

KEYWORD

DIARY

만약 매일 25시간이 있다면, 그 추가 시간을 어떻게 사용할까요?

DAY
05

Bridget Jones's Diary
브리짓 존스의 다이어리

#로맨틱코미디 #영국식현실말투 #콜린퍼스 #휴그랜트

I'm afraid I'm a bit hungover.

숙취가 좀 있는 것 같아요.

hungover는 숙취에 시달리는 상태를 나타내는 형용사예요. 숙취는 hangover라고 하는데, 'I had a terrible hangover the next morning.(나 다음 날 아침에 숙취가 심했어.)'과 같이 표현할 수 있어요.

New Year's resolution

새해 목표/계획

새해 목표나 계획을 이야기할 때 plan보다 resolution으로 표현해요.

Do you know where the toilets are?

혹시 화장실이 어디에 있는지 아세요?

미국에서 화장실을 restroom이라고 부르지만, 영국에서는 toilet이나 loo라고 해요. 여자 화장실은 ladies, 남자 화장실은 gents(gentlemens)로 사용하기도 하고요.

My English Phrases Archives

TITLE

You alone are enough.
You have nothing to prove to anybody.

Life is all memory, except for the one present
moment that goes by you so quickly
you hardly catch it going.

Tennessee Williams

삶은 모든 기억이라고 볼 수 있어요.
너무 빨라서 잡을 수 없는 지금 이 한순간을 제외하고 말이죠.
테네시 윌리엄스

except for ~를 제외하고   **hardly** 거의 ~할 수가 없다

How do you feel about today?

KEYWORD

DIARY

오늘 하루 소감이 어떤가요?

Do not let the behaviour of others destroy your inner peace.

Dalai Lama

———

다른 사람들의 행동이 당신 마음의 평온함을 무너뜨리게 내버려 두지는 마세요.
달라이 라마

behaviour 행동   **destroy** 무너뜨리다   **inner** 내면의

Stop for a moment.
Close your eyes and write down everything
you can hear right now.

KEYWORD

DIARY

For my part I know nothing
with any certainty,
but the sight of the stars makes me dream.

Vincent Van Gogh

———

제 스스로 확신할 수 있는 것은 아무것도 없지만,
밤하늘의 별들을 보는 것은 저로 하여금 꿈을 꾸게 해주죠.
빈센트 반 고흐

certainty 확실성   **dream** 꿈을 꾸다

When do you feel you're most confident?

KEYWORD

DIARY

언제 가장 자신감이 넘치나요?

Just one small positive thought in the morning can change your whole day.

Dalai Lama

———

아침에 하는 조그만 긍정적인 생각 하나가 당신의 하루를 바꿀 수 있어요.
달라이 라마

positive 긍정적인   **whole day** 하루 전체

What's your morning routine?

KEYWORD

DIARY

아침 일과가 어떻게 되나요?

DAY
10

One Hundred and One Dalmatians

101마리의 달마시안 개

#클래식디즈니명작 #런던배경 #리스닝공부하기좋음

At least I was determined to do my best.

어쨌든 난 최선을 다하기로 단단히 마음먹고 있었어요.

at least는 어쨌든, 최소한, 적어도라는 뜻을 가진 표현이에요. 위의 문장은 통째로 외워 두고, 비록 서
툴지만 최선을 다하고자 할 때 사용해 보세요.

I had a rough idea of what to look for.

대충 어떤 것을 찾을지 생각은 있었어요.

'I had a rough idea of of...(대충 ~할 생각은 하고 있었다)'를 이용해 다양한 문장을 만들 수 있어요.
'I had a rough idea of what to do.(대충 무엇을 할지는 생각하고 있었어요.)'같은 표현도 가능하죠.

It was almost too good to be true.

현실이라고 믿기지 않을 정도로 너무 좋았어요.

'too 형용사 to 동사'는 부정적인 의미로 '너무 ~해서 ~할 수 없는'으로 해석해요. 부정으로 해석해야
하는 점 잊지 마세요.

My English Phrases Archives

TITLE

Laziness is nothing more than
the habit of resting before you get tired.

No duty is more urgent
than that of returning thanks.

James Allen

———

감사를 전하는 것보다 더 급한 일은 없어요.
제임스 앨런

duty 일, 업무 **urgent** 긴급한 **return** 돌려주다, 전하다

For what in your life do you feel most grateful?

KEYWORD

DIARY

지금 당신 인생에서 가장 감사한 것은 무엇인가요?

When something goes wrong in your life,
just yell 'Plot twist!' and move on.

Anonymous

———

당신의 인생에서 뭔가 잘못되었을 때, 그냥 '반전 스토리!'라고 외치고 넘어가세요.

익명

plot 줄거리, 이야기   **twist** 반전   **move on** 넘어가다

What is the last TV show
that you binge-watched?

KEYWORD

DIARY

마지막으로 정주행한 TV 프로그램은 무엇인가요?

Lost time is never found again.

Benjamin Franklin

———

잃어버린 시간은 다시 되찾을 수 없어요.
벤자민 프랭클린

lost 잃어버린　**found** 찾다

What is your favourite time of the day and why?

KEYWORD

DIARY

하루 중 가장 좋아하는 시간은 언제고, 왜 그 시간을 좋아하나요?

My mum has always been my support system.
She taught me to never give up and
to keep pursuing my passions no matter what.

Mandy Moore

———

엄마는 항상 제 든든한 버팀목이 되어 주셨어요.
무슨 일이 있어도 절대 포기하지 말고, 끊임없이 제 열정을 쫓으라고 가르쳐 주셨죠.
맨디 무어

mum 엄마   pursue 쫓다, 추구하다   no matter what 무슨 일이 있더라도

Who supports you?
How can you spend more time with them?

KEYWORD

DIARY

누가 당신을 응원해 주나요?
어떻게 하면 그 사람과 더 많은 시간을 보낼 수 있나요?

DAY
15

Me Before You

미 비포 유

#책원작 #감동적 #숨은명작 #일상표현들가득

I'm sorry it's been so long. I've been so busy.

미안해요, 너무 오랜만이죠. 저 요새 너무 바빴어요.

쉬운 표현이지만 막상 쓰려고 하면 입 밖으로 바로 나오지 않는 표현들이 있죠? 특히 인사말이 그래요. 오랫동안 연락하지 못 했던 친구가 있다면 이 표현을 한번 써 보세요.

Wi-Fi connection's not strong enough.

와이파이 연결이 약해요.

활용하기 좋은 문장이에요. 'My phone doesn't work here – there's no signal.(제 전화 여기서 안돼요. 신호가 없다고 뜨네요.)'라고 표현할 수도 있어요. 여기서 signal은 '신호'라는 의미죠.

When I was little, my mum got me a pair of glittery wellies, and I refused to take them off.

제가 어렸을 때 엄마가 장화 한 켤레를 사 주셨는데, 저는 그 장화를 벗지 않으려 했어요.

장화(wellies), 바지(trousers) 등 한 쌍으로 이루어져 있는 것들은 항상 복수로 사용해야 해요. put on(옷을 입다), take off(벗다)도 정말 많이 사용하는 표현이니 꼭 기억해 두세요!

My English Phrases Archives

TITLE

Just one small positive thought
in the morning
can change your whole day.

We cannot direct the wind, but we can adjust the sails.

Dolly Parton

———

우리가 바람의 방향을 조정할 수는 없지만, 돛은 조절할 수 있어요.

돌리 파튼

direct 조정하다　**adjust** 조절하다　**sail** 돛

What do you do to take care of yourself?

KEYWORD

_____

DIARY

_____

_____

_____

_____

_____

_____

_____

_____

스스로를 돌보기 위해 무엇을 하나요?

Normality is a paved road:
It's comfortable to walk,
but no flowers grow on it.

Vincent Van Gogh

———

'평범함'이라는 건 잘 닦인 도로와 같아요.
걷는 데는 편안하지만 그 위에 꽃들이 자라지는 않아요.

빈센트 반 고흐

normality 평범함　**paved** 포장된　**grow** 자라다

What are your strengths?

KEYWORD

DIARY

당신의 강점은 무엇인가요?

Not all those who wander are lost.

J.R.R. Tolkien

———

방황하는 모든 이가 길을 잃는 것은 아니에요.

J.R.R. 톨킨

wander 헤매다　**lost** 길을 잃은

When was the last time
you tried something new?

KEYWORD

DIARY

마지막으로 새로운 것에 도전한 게 언제인가요?

Being brave isn't the absence of fear.
Being brave is having that fear
but finding a way through it.

Bear Grylls

———

용감하다고 해서 겁이 없는 건 아니에요.
용감하다는 것은 두렵지만 그 두려움을 헤쳐 나갈 방법을 찾는 것이죠.
베어 그릴스

absence 없음   **fear** 겁   **through** ~을 통해

How do you respond to challenges?

KEYWORD

DIARY

어려운 일이 생기면 어떻게 대응하나요?

DAY
20

Kingsman: The Secret Service

킹스맨 : 시크릿 에이전트

#부담없는액션영화 #포쉬발음 #런던속어발음 #콜린퍼스

It's not worth it.

그럴 가치도 없어요.

worth는 '~의 가치가 있는, ~할 만한 가치가 있는'이라는 의미를 가지고 있어요. 예문에서 not을 뺀 'It's worth it.(그만한 가치가 있어요.)' 형태로도 자주 쓰여요.

I've been queuing up all day.

온종일 줄 서 있었어요.

미국에서는 '줄, 줄을 서다'를 line이라고 하지만, 영국에서는 queue라고 해요. 대표적인 영국 단어죠.

Is it just me or does this Champagne taste a bit funny?

나만 이 샴페인 맛이 좀 이상해요?

funny는 '웃기는, 재미있는'이라는 뜻으로 자주 쓰이지만, '괴상한, 기이한'이라는 뜻도 갖고 있어요. 냄새나 맛을 이야기할 때 funny를 사용한다면 음식의 냄새나 맛이 이상하다고 해석하면 돼요.

My English Phrases Archives

TITLE

Time has a wonderful way
of showing us what really matters.

We need solitude, because when we're alone,
we're free from obligations,
we don't need to put on a show,
and we can hear our own thoughts.

Tamim Ansary

———

우리는 고독할 필요가 있어요.
혼자 있을 때 비로소 의무감에서 자유로울 수 있고,
보여주기식의 행동을 할 필요도 없으며,
진짜 우리 내면의 생각을 들을 수 있기 때문이죠.
타밈 안사리

solitude 고독   **obligation** 의무감   **put on a show** 가장하다

Do you enjoy your own company?

KEYWORD

DIARY

혼자 있는 것을 즐기는 편인가요?

One good thing about music,
when it hits you, you feel no pain.

Bob Marley

———

음악의 한 가지 좋은 점은, 음악이 당신을 감싸면, 고통을 멎게 해준다는 거예요.
밥 말리

hit 닿다, 이르다   **pain** 고통

If you could only listen to one album
for the rest of your life, what would it be?

KEYWORD

DIARY

만약 평생 한 음악 앨범만 들을 수 있다면, 어떤 앨범인가요?

It's okay not to be okay.

Anonymous

———

괜찮지 않아도 괜찮아요.

익명

okay 괜찮은

Which one word describes your day today?

KEYWORD

DIARY

오늘 하루를 한 단어로 표현한다면?

Sometimes, I sketch, but not every day.
I sketch random things, whatever I can get
my mind into. I'm not a professional,
it is just a hobby I've started.

Mithali Raj

———

전 이따금씩 스케치를 해요. 매일매일 하는 건 아니고요.
제 마음을 사로잡을 수 있는 건 뭐든지 그려 봐요.
전문가는 아니지만 그냥 이제 막 시작한 취미예요.
미타리 라지

sketch 스케치하다　**just** 이제 막　**professional** 전문가

What hobby would you like to start,
if time and money were no issue?

KEYWORD

DIARY

시간과 돈이 문제가 되지 않는다면, 어떤 취미를 시작해 보고 싶나요?

Harry Potter and the Prisoner of Azkaban

해리포터와 아즈카반의 죄수

#말해뭐합니까 #사랑해요해리포터 #판타지영화지만쉐도잉하기좋음

Wonder if I might have a word.

잠깐 얘기 좀 할 수 있을까 해서요.

have a word (with someone)은 '(누군가와) 얘기하다'라는 뜻이죠. Can I have a word with you for a moment?(당신과 잠시 얘기 좀 할 수 있을까요?)도 자주 쓰니 기억해 주세요.

Let me get this straight.

확실하게 짚고 넘어갈게요.

정확한 뉘앙스를 모르면 잘못 해석하기 쉬운 표현으로, 꼭 해석과 함께 통째로 기억해 주세요. 내가 이해한 내용이 맞는지 상대에게 다시 한번 확인할 때나 상대방의 말이 믿기지 않을 때 쓸 수 있어요.

Which one of you can tell me the difference between an Animagus and a werewolf?

당신들 중에 애니마구스와 늑대인간의 차이에 대해 설명할 수 있는 사람 있나요?

the difference between A and B(A와 B의 차이)는 차이점을 물어볼 때 써요. 참고로 difference 앞에는 꼭 the를 붙여야 한다는 점 기억하세요.

My English Phrases Archives

TITLE

Good things come to people who wait, but better things come to those who go out and get them.

Happiness is not in money but in shopping.

Marilyn Monroe

———

행복은 돈에 있지 않아요. 쇼핑에 있을 뿐.

마릴린 먼로

not A but B A가 아닌 B

What are the three items you couldn't live without?

KEYWORD

DIARY

사는 데 없어서는 안 되는 세 가지 물건은 무엇인가요?

The world is a book,
and those who do not travel read only a page.

Saint Augustine

———

세상이 한 권의 책이라면, 여행을 하지 않는 사람은 그 책을 한 페이지만 읽는 것과 같아요.
성 아우구스티누스

those who ~인 사람들   **travel** 여행하다

Where do you want to go in the world?

KEYWORD

DIARY

전 세계에서 어디로 가고 싶나요?

If they don't like you for being yourself, be yourself even more.

Taylor Swift

———

다른 사람들이 있는 그대로의 당신을 좋아하지 않는다면, 오히려 더 당신답게 하세요.
테일러 스위프트

be yourself 나답게 행동하다   **even more** 오히려 더

When do I feel most like 'me'?

KEYWORD

DIARY

언제 제일 '나'답다고 느끼나요?

You are not required to set yourself on fire to keep others warm.

Anonymous

———

다른 이들을 따뜻하게 해주겠다고 자신에게 불을 질러서는 안 돼요.

익명

be not required to ~해야 하는 것은 아니다   **set on fire** ~에 불을 지르다

How can you set boundaries
and avoid absorbing someone else's energy?

KEYWORD

DIARY

어떻게 나만의 경계선을 설정하고
다른 사람의 기분이나 에너지에 동화되지 않을 수 있나요?

DAY
30

Sherlock
셜록

#베네딕트큐컴버배치 #한국에서제일유명한영드 #남자쉐도잉은존왓슨

I looked you up on the Internet last night.

어젯밤 인터넷에 당신을 검색해 봤어요.

'look something up on the Internet(~을 인터넷으로 찾아보다)'과 비슷한 표현으로는 'google something(~을 검색하다)'이 있어요. google은 인터넷 검색 엔진 중 하나인 구글을 의미하는데, 동사로 쓰여 '구글로 검색하다'라는 뜻을 나타내기도 해요.

Have a cup of tea, make yourself at home.

차 한잔하시면서 내 집이다 생각하시고 편히 계세요.

누군가를 초대했을 때 초대받은 사람이 불편해 하면 안 되겠죠? 'make yourself at home(내 집에 있는 것처럼 편하게 있다)'라는 표현을 사용해 보세요. 비슷한 표현으로는 'make yourself comfortable'이 있어요.

Cup of tea'd be lovely, thank you.

차 주시면 감사히 잘 마실게요.

영국을 이야기할 때 빼놓을 수 없는 것이 바로 차 문화죠. cup of tea는 줄여서 cuppa라고 쓰기도 해요. 차를 권할 때는 'Would you like a cup of tea?(차 한잔하시겠어요?)'라고 물어볼 수도 있지만, 영국에서는 'Fancy a cuppa?'라는 표현을 더 자주 사용해요.

My English Phrases Archives

TITLE

Blessed are those
who can give without remembering
and receive without forgetting.

It is the mark of an educated mind
to be able to entertain a thought
without accepting it.

Aristotle

———

누군가의 생각을 수긍하지는 않더라도 그 자체로 품어줄 수 있다는 것은
그 사람이 교양 있는 사람이라는 증거죠.
아리스토텔레스

mark 증거   **educated** 교양 있는   **entertain** (생각, 희망, 감정 등을) 품다

What makes you angry?

KEYWORD

DIARY

무엇이 당신을 화나게 하나요?

It is during our darkest moments
that we must focus to see the light.

Aristotle

———

가장 어두운 순간들이야말로 빛을 보기 위해 집중해야 하는 때예요.
아리스토텔레스

moment 순간   **focus** 집중하다

What steps do you take to manage stress?

KEYWORD

DIARY

스트레스를 어떻게 해소하나요?

Too often we underestimate the power
of a touch, a smile, a kind word,
a listening ear, an honest compliment,
or the smallest act of caring, all of which
have the potential to turn a life around.

Leo Buscaglia

———

우리는 손길 하나, 미소 한 번, 친절한 말 한마디, 귀담아듣는 것,
진심 어린 칭찬의 힘을 과소평가할 때가 많죠.
삶을 뒤바꿀 수 있는 잠재력을 가진 것들을 말이에요.
레오 버스카글리아

underestimate 과소평가하다 **compliment** 칭찬 **potential** 잠재력

What makes you smile?

KEYWORD

DIARY

무엇이 당신을 미소 짓게 하나요?

Passion is energy. Feel the power that comes from focusing on what excites you.

Oprah Winfrey

———

열정은 에너지죠.
당신의 흥미를 불러일으키는 것에 집중할 때 생기는 그 힘을 느껴보세요.
오프라 윈프리

passion 열정 **come from** ~에서 생겨나다 **excite** 흥미를 일으키다

What do you do that makes you lose track of time?

KEYWORD

DIARY

Bohemian Rhapsody

보헤미안 랩소디

#브릿팝 #퀸 #실화바탕 #음악영화 #프레디머큐리 #영화도재밌고표현도다양

What can I get for you?

주문 도와드릴까요?

레스토랑이나 카페에서 직원이 주문을 받을 때 'May I take your order?(주문하시겠어요?)'만큼 자주 쓰이는 표현이에요.

Do you think you have these in my size?

이거 제 사이즈도 있을까요?

옷을 사러 갔을 때 써 볼 수 있는 유용한 표현이에요. in my size 대신에 'in a smaller size(더 작은 사이즈)', 'in a larger size(더 큰 사이즈)' 등으로 바꿔 사용할 수도 있어요.

What have you got in mind?

무슨 생각을 하고 있어요?

'What do you have in mind?(무슨 생각을 하고 있어요?)'처럼 현재형으로 표현할 수도 있지만, 영국에서는 현재 완료형(have p.p.)을 사용하는 경우도 많아요.

My English Phrases Archives

TITLE

The more you praise and celebrate your life,
the more there is in life to celebrate.

Everyone can do simple things to make a difference, and every little bit really does count.

Stella McCartney

———

누구든 변화를 만들기 위해서 단순한 것들을 실행할 수 있어요.
그 작은 하나하나가 정말 중요하게 작용하죠.
스텔라 맥카트니

simple 간단한　**make a difference** 변화를 만들다　**count** 중요하다

What have you done for yourself this week?

KEYWORD

DIARY

이번 주에 스스로를 위해 무엇을 했나요?

A little nonsense now and then is relished by the wisest men.

Roald Dahl

———

간혹 조금 말도 안 되는 소리라도 즐길 줄 아는 이들을 보면 정말 똑똑한 사람들이더라고요.
로알드 달

nonsense 허튼소리   **relish** 즐기다

If you could be in any film, what would it be and what character would you play?

KEYWORD

DIARY

당신이 영화에 출연할 수 있다면, 무슨 영화에 어떤 캐릭터를 연기하고 싶나요?

I like to listen. I have learned a great deal
from listening carefully.
Most people never listen.

Ernest Hemingway

___

전 듣는 것을 좋아해요.
주의 깊게 듣는 것으로부터 정말 많은 것을 배웠기 때문이죠.
대부분의 사람들은 정말 잘 듣지 않더라고요.
어니스트 헤밍웨이

a great deal 다량으로, 많이   **carefully** 주의 깊게

What's the best piece of advice you have ever been given?

KEYWORD

DIARY

지금까지 들은 조언 중에 최고의 조언은 무엇이었나요?

You love what you find time to do.

Tony Robbins

———

당신이 시간을 내서 하는 그것이 바로 당신이 좋아하는 일이에요.
토니 로빈스

find time 시간을 내다

What do you need to make time for?

KEYWORD

DIARY

무엇을 시간 내서 해야 할까요?

DAY
40

Love Actually

러브 액츄얼리

#크리스마스영화 #런던배경 #다양한스토리다양한표현 #휴그랜트 #키이라나이틀리

It's just round the corner, you'll make it.

바로 이 앞이니까 제시간에 갈 수 있어요.

round the corner는 코앞이라는 뜻으로 아주 가까운 곳을 이르는 말이에요. 'My birthday is around the corner.(제 생일이 코앞이에요.)'처럼 시간 표현과도 함께 쓸 수 있어요.

Can I call you back?

제가 다시 전화해도 될까요?

call 대신 ring을 써서 'Can I ring you back?'이라고 표현할 수도 있어요.

Why don't I give you a lift?

제가 태워다 드릴까요?

누군가를 차로 데려다줄 때 미국에서는 'give someone a ride'라는 표현을 사용하지만, 영국에서는 주로 'give someone a lift'라고 써요.

My English Phrases Archives

TITLE

It is one of the blessings of old friends
that you can afford to be stupid with them.

Teaching is the royal road to learning.

Jessamyn West

———

가르치는 것은 배움의 지름길이죠.
제서민 웨스트

royal road 지름길, 왕도

If you had to teach a class on one thing, what would you teach?

KEYWORD

DIARY

만약 당신이 어떤 수업을 진행해야 한다면, 무엇을 가르칠 건가요?

At the end of the day, if I can say I had fun,
it was a good day.

Simone Biles

———

결국은, 내가 즐거웠다고 말할 수 있으면, 좋은 하루였던 거예요.
시몬 바일스

at the end of the day 결국은　**have fun** 재미있게 보내다, 즐거운 시간을 보내다

When was the best day of your life so far?

KEYWORD

DIARY

당신 인생에서 최고의 하루는 언제였나요?

Recovery begins from the darkest moment.

John Major

———

회복은 가장 어두운 순간에서부터 시작되어요.

존 메이저

recovery 회복 **dark** 어두운 **moment** 순간

What's holding you back?

KEYWORD

DIARY

무엇이 당신을 망설이게 하나요?

If you never try,
you'll never know what you are capable of.

John Barrow

———

시도해 보지 않으면, 당신이 무엇을 할 수 있는지 절대 알 수가 없어요.
존 배로

try 시도하다   **be capable of** ~할 능력이 있다

What was something you thought would be easy until you tried it?

KEYWORD

DIARY

시도해 보기 전까지 쉬울 거라고 생각했던 것이 있나요?

Very British Problems

Rob Temple

#찐영국인말투 #영국유머코드 #가볍게읽기좋은

It's been a bloody nightmare.

악몽 같았어요.

bloody는 다양하게 활용할 수 있지만, 형용사와 함께 사용될 때는 very의 강조형 정도로 이해하면 돼요. 영국인들이 자주 사용하는 슬랭 중 하나로, 우리말의 '개~(ex: 개짜증)'로 해석하면 자연스러워요. 영화 〈해리 포터〉 시리즈에서는 론이 'Bloody hell!'이라는 표현을 자주 사용하는데, 우리말로 해석하면 '헐 미친!' 정도가 되는 것이죠. 매우 비격식적인 표현이니 주의해서 사용해야 해요.

Say that again.

다시 말해 봐.

가까운 사이에 쓸 수 있는 표현이에요. 'Come again.(뭐라고? 다시 말해 봐.)'이라고 말할 수도 있어요. 정중하게 표현하고 싶다면 'Could you say that again, please?(다시 말해 줄 수 있나요?)'라고 말해 보세요.

What have you got on at the minute?

지금 어떤 업무하고 계세요?

'지금'이라는 순간을 표현할 때는 now 말고도 at the minute, at the moment로 말하기도 해요.

My English Phrases Archives

TITLE

Keep your face to the sunshine
and you cannot see a shadow.

I would like to be remembered as a man
who had a wonderful time living life,
a man who had good friends, fine family
and I don't think I could ask for anything
more than that, actually.

Frank Sinatra

———

저는 이런 사람으로 기억되고 싶어요.
좋은 친구들, 가족들과 함께하며 멋지게 인생을 즐긴 사람으로요.
그 이상은 더 바랄 게 없는 것 같아요.
프랭크 시나트라

be remembered as ~로 기억되다   **ask for** 요청하다

How would you like to be remembered?

KEYWORD

DIARY

어떤 사람으로 기억되고 싶나요?

Walking with a friend in the dark is better than walking alone in the light.

Helen Keller

———

어두운 곳에서 친구와 함께 걷는 것이 밝은 곳에서 혼자 걷는 것보다 나아요.

헬렌 켈러

better than ~보다 나은

What makes a good friend?

KEYWORD

DIARY

어떻게 해야 좋은 친구가 될 수 있나요?

What would life be if we had no courage to attempt anything?

Vincent Van Gogh

———

그 어떠한 일도 시도할 용기를 내지 못한다면 인생이 무슨 의미가 있을까요?
빈센트 반 고흐

courage 용기　**attempt** 시도하다

What's your favourite quote?

KEYWORD

DIARY

가장 좋아하는 인용구는 무엇인가요?

Pleasure in the job puts perfection in the work.

Aristotle

———

일을 즐기면 그 일의 완성도가 높아져요.
아리스토텔레스

pleasure 기쁨, 즐거움   **perfection** 완성도

Are you doing what you love?

KEYWORD

DIARY

DAY
50

The BFG

Roald Dahl

#어른이들의동화책 #추리소설이어렵다면이책부터

The window behind the curtain was wide open, but nobody was walking on the pavement outside.

커튼 뒤에 창문은 활짝 열려 있었지만 도로 위에 지나다니는 사람은 한 명도 없었어요.

의외로 상황을 묘사하는 글이 쓰기도, 번역하기도 까다롭죠. 'wide open(활짝 열린)'처럼 결합해서 쓰는 표현들이 나올 때마다 기억해 두면 좋아요.

I'm not sure I quite know what that means.

저는 그게 무슨 뜻인지 잘 모르겠어요.

어떤 사실이나 내용을 잘 이해한 것이 맞는지 확신이 안 설 때 사용하는 표현이에요.

I'll take your word for it.

네 말 믿을게.

'그냥 당신 말을 믿는다'라는 표현이에요. 사실인지 아닌지는 잘 모르겠지만 상대방의 말을 곧이곧대로 믿겠다는 뜻이에요.

My English Phrases Archives

TITLE

Swanage, Dorin

The start of something new
brings the hope of something great.

It's not selfish to love yourself,
take care of yourself,
and to make your happiness a priority.
It's necessary.

Mandy Hale

———

스스로를 사랑하고 돌보는 것은 이기적인 게 아니에요.
본인의 행복을 우선순위에 두는 것도 마찬가지죠.
꼭 그렇게 해야만 해요.

맨디 해일

selfish 이기적인 priority 우선순위 necessary 필요한

What gift would you like to give yourself this year?

KEYWORD

DIARY

올해 자신에게 어떤 선물을 주고 싶나요?

Reading is an exercise in empathy; an exercise in walking in someone else's shoes for a while.

Malorie Blackman

독서는 공감 훈련이며, 잠시 다른 사람의 입장이 되어보는 운동이에요.
맬로리 블랙맨

empathy 공감   in someone else's shoes 다른 사람의 입장으로   for a while 잠시

What are your favourite books?

KEYWORD

DIARY

가장 좋아하는 책들은 무엇인가요?

The truth is you don't know
what is going to happen tomorrow.
Life is a crazy ride, and nothing is guaranteed.

Eminem

———

사실 내일 당장 무슨 일이 생길지 모르는 일이죠.
인생은 롤러코스터와 같고 보장된 건 아무것도 없으니까요.

예미넴

truth 사실 **guarantee** 보장하다

What are you doing tomorrow?

KEYWORD

DIARY

내일은 무엇을 할 건가요?

The one thing that you have
that nobody else has is you.
Your voice, your mind, your story,
your vision. So write and draw and build
and play and dance and live as only you can.

Neil Gaiman

———

단 한 가지 다른 그 누구도 가지고 있지 않은 것이 바로 당신 자신이에요.
당신의 목소리와 마음, 이야기, 비전까지 말이죠.
그러니 당신만의 방식으로 마음껏 기록하고, 그리고, 만들어내고, 놀고, 춤추며 살아가길 바라요.
닐 게이먼

voice 목소리 **mind** 마음 **build** 만들어내다

How would you describe yourself?

KEYWORD

DIARY

Bridget Jones's Diary

Helen Fielding

#일기에서쓰는영어표현 #찐영국인말투 #이책하나면영국영어마스터가능

Was trying to work on CV without Perpetua noticing.

퍼페츄아가 눈치 못 채게 이력서를 다듬으려고 했는데요.

CV(Curriculum Vitae)는 이력서를 뜻하죠! 영국에서는 resume(이력서)보다 CV를 더 많이 사용해요.

Can we ring you later in the week?

저희가 이번 주 말쯤에 전화 드려도 될까요?

영국에서는 call 대신 ring도 자주 사용해요. 영국에서 자주 쓰는 어휘는 부록에 따로 정리되어 있으니 참고해 보세요.

Just got home from shopping to a message from my dad asking if I would meet him for lunch on Sunday.

장 보고 집에 와서 아빠가 이번 주 일요일에 같이 점심을 먹을 수 있는지 묻는 메시지를 받았어요.

일기 형식으로 쓰인 책이기 때문에 주어가 자주 생략되는 것이 특징이에요. 일기에 자주 쓰이는 다양한 표현들을 확인할 수 있어요.

My English Phrases Archives

TITLE

You are not required to set yourself on fire to keep others warm.

Success is a journey, not a destination.
The doing is often more important
than the outcome.

Arthur Ashe

———

성공은 도착지가 아니라 그곳으로 향하는 여행 자체예요.
때로는 결과보다 해보는 것이 더 중요할 때가 있어요.
아서 애쉬

journey 여행 **destination** 도착지 **outcome** 결과

What has been your biggest adventure?

KEYWORD

DIARY

_____

_____

_____

_____

_____

_____

_____

당신의 가장 큰 모험은 무엇이었나요?

Life is a one-time offer, use it well.

Anonymous

————

인생은 한 번뿐이니, 잘 활용하세요.

익명

one-time offer 1회 제공　**well** 잘

What is your dream job?

KEYWORD

DIARY

꿈에 그리던 일이 있나요?

How wonderful it is
that nobody need wait a single moment
before starting to improve the world.

Anne Frank

———

그 누구든 언제든지 더 나은 세상을 만들 수 있다니 이 얼마나 멋진 일인가요?
안네 프랑크

improve 나아지다. 개선하다

How can I make a difference in this world?

KEYWORD

DIARY

어떻게 이 세상에 변화를 가져올 수 있을까요?

Don't count the days, make the days count.

Muhammad Ali

———

그저 날짜를 세는 것이 아니라, 하루하루를 중요하게 만드세요.

무하마드 알리

count 세다. 중요하다   **day** 날짜, 하루

What did you love about today?

KEYWORD

DIARY

오늘은 무엇이 좋았나요?

DAY

60

My Hope for Tomorrow

Ruby Dhal

#힐링 #자존감지킴이 #위로가되는영어표현들한가득

Do not let someone else's negativity cloud your mind.

다른 사람의 부정적인 기운이 당신의 마음에 드리우게 내버려 두지 마세요.

cloud는 흔히 명사형으로 쓰여 '구름'을 뜻하지만, 동사로 쓰여 '~을 흐리다, 어두워지게 하다'라는 뜻
을 나타내기도 한다는 점 기억해 주세요.

However, it is up to you whether you reflect light or darkness.

빛을 비출지 어둠을 비출지는 당신에게 달려 있어요.

'be up to someone'은 '~에게 달려 있다, ~의 책임이다'라는 뜻으로 일상생활에서 정말 자주 쓰이는
표현이에요. 자주 쓰이는 표현인 만큼 'It's up to you.(네가 결정해.)'라는 문장을 통째로 외워 사용해 보
세요.

We are the one whose opinions and choices matter, not them.

그들이 아닌 우리의 의견과 선택이 중요해요.

matter는 '중요하다, 문제되다'라는 뜻을 가지고 있어요. 어떻게 되어도 상관없다고 말하고 싶을 때에는
'It doesn't matter.'라고 표현할 수 있어요. 반대로 중요하다고 말하고 싶을 때에는 'It matters.'라고 얘기
해 보세요.

My English Phrases Archives

TITLE

Do not let the behaviour of others destroy your inner peace.

A diamond is simply a lump of coal that did well under pressure.

Anonymous

———

다이아몬드는 어찌 보면 그저 압력을 잘 견뎌낸 석탄 덩어리에요.
익명

diamond 다이아몬드   **lump** 덩어리   **coal** 석탄

What's the most important thing
you've learned about yourself recently?

KEYWORD

DIARY

최근에 스스로에 대해 알게 된 것 중 가장 중요한 것은 무엇인가요?

The strongest principle of growth lies in the human choice.

George Eliot

성장의 가장 중요한 원리는 사람의 선택에 있어요.

조지 엘리엇

strong 확실한, 강력한   **principle** 원리, 원칙   **growth** 성장

What can you do today
that you couldn't do last year?

KEYWORD

DIARY

작년에는 못했지만 오늘 할 수 있는 것은 무엇이 있나요?

If you don't care where you are, you're never lost.

Anonymous

———

당신이 어디에 있든 아랑곳하지 않는다면, 절대 길을 잃을 일이 없겠죠.
익명

care 상관하다   **lost** 길을 잃은

What can you do
when you are showing signs of burnout?

KEYWORD

DIARY

Try not to become a person of success,
but rather try to become a person of value.

Albert Einstein

———

성공하는 사람이 되려고 노력하지 말고, 가치 있는 사람이 되려고 노력하세요.
알버트 아인슈타인

not...but rather... ~가 아니고 오히려 ~다 **value** 가치

What is your best quality?

KEYWORD

DIARY

당신의 최고의 자질은 무엇인가요?

DAY
65

Solo

Rebecca Seal

#개인사업팁 #업무관련영어표현 #업무마인드셋 #배울문장들한가득

Working for yourself means working at the weekend, working on holiday, working when you're ill.

스스로 일한다는 것은 주말에도, 휴가를 갔을 때도, 아플 때도 일할 수 있다는 것을 의미해요.

미국에서는 '주말에'라는 표현을 할 때 'on the weekend'를 사용하지만, 영국에서는 'at the weekend' 라고 말해요.

As time passed, though, it was clear that the rules were not going to be enough.

시간이 지나고 보면 그 규칙들만으로는 충분하지 않다는 것이 명확해져요.

막상 사용하려고 하면 잘 떠오르지 않는 표현들이 있어요. 'as time passed(시간이 지나면서)'와 'clear(명확한)' 같은 표현도 마찬가지죠. 이런 표현들은 그때그때 잘 기억해 두는 것이 좋아요.

This seemed to be such a common problem.

이건 아주 흔하게 발생하는 문제 같아요.

seem to be는 '~한 것 같다, ~한 모양이다'라는 뜻으로, 자주 사용되는 회화 패턴이에요. 'He seems to be very busy.(그는 정말 바쁜 것 같아요.)'와 같이 사용할 수 있어요.

My English Phrases Archives

TITLE

It's not selfish to love yourself,
take care of yourself,
and to make your happiness a priority.
It's necessary.

The secret of genius is to carry
the spirit of the child into old age,
which means never losing your enthusiasm.

Aldous Huxley

————

천재의 비밀은 나이가 들어도 어린아이의 정신을 지니는 거예요.
열정을 절대 잃지 않는다는 거죠.
올더스 헉슬리

genius 천재   **carry** (특징을) 지니다   **spirit** 정신   **enthusiasm** 열정

What current fact about your life
would most impress your five-year-old self?

KEYWORD

DIARY

지금 당신에 대한 어떤 점이 5살의 어린 당신을 놀라게 할까요?

I can do this all day.

Captain America

———

전 이거 하루 종일도 할 수 있어요.
캡틴 아메리카

all day 하루 종일

Who is your real-life hero, and why?

KEYWORD

DIARY

당신의 현실 영웅은 누구이며, 그가 영웅인 이유는 무엇인가요?

Our prime purpose in this life is to help
others. And if you can't help them,
at least don't hurt them.

Dalai Lama

———

이번 생에 우리의 사명은 다른 사람을 돕는 거예요.
만약 도울 수 없다면, 적어도 해치지는 마세요.
달라이 라마

prime purpose 사명　**at least** 적어도

Do you treat others
how you wish to be treated?

KEYWORD

DIARY

당신이 대우받길 바라는 방식으로 다른 사람을 대하나요?

Whoever said that money can't buy happiness simply didn't know where to go shopping.

Bo Derek

———

돈으로 행복을 살 수 없다고 말하는 사람은 어디로 쇼핑하러 갈지를 몰랐을 뿐이에요.

보 데렉

whoever 누가 ~하든   **simply** 그냥, 간단히

What is the best thing
you have bought so far this year?

KEYWORD

DIARY

올해 산 것 중 가장 맘에 드는 것은 무엇인가요?

Daisy Ridley Explains A Typical British Day

Vanity Fair

#데이지리들리 #스타워즈배우 #매력적인영국발음

breakfast staple

아침 식사로 주로 먹는 음식

staple은 주식을 의미해요. 저녁 식사로 자주 먹는 음식은 'dinner staple'이라고 해요.

Iceland is known for being incredibly stressful because basically once you go in you can't get out unless you go through the checkout.

아이슬란드 슈퍼마켓은 되게 불편하다고 알려져 있는데 그 이유가 일단 한번 들어가면 나오질 못해요. 계산하는 곳을 지나서 나오는 게 아니라면요.

'once(일단 ~하면)', 'unless(~하지 않으면)'와 같은 단어들을 잘 활용하면 문장을 표현하기 훨씬 수월해져요. 이 문장 하나만 외워 두면 두 표현을 오랫동안 확실히 기억할 수 있을 거예요.

My English Phrases Archives

TITLE

A friend is one
who knows you
and loves you
just the same

It is one of the blessings of old friends
that you can afford to be stupid with them.

Ralph Waldo Emerson

___

오랜 친구들의 장점 중 하나는 친구들과 함께 있을 때에는 바보 같은 짓을 해도 괜찮다는 거죠.
랄프 왈도 에머슨

blessing 장점. 다행스러운 것   **can afford to** ~할 수 있다

When you're 71,
what will matter to you the most?

KEYWORD

DIARY

당신이 71살이 되면, 어떤 것이 가장 중요해질까요?

Even though you're growing up, you should never stop having fun.

Nina Dobrev

———

당신이 어른이 되더라도 즐거운 시간을 보내는 건 멈추지 마세요.

니나 도브레브

even though 비록 ~일이라도

How can you have fun today?

KEYWORD

DIARY

어떻게 하면 오늘을 즐겁게 보낼 수 있을까요?

Just when the caterpillar thought the world was ending, he turned into a butterfly.

Proverb

———

애벌레가 세상이 끝났다고 생각할 때, 나비로 변해요.

속담

caterpillar 애벌레 turn into ~으로 변하다 butterfly 나비

What do you find hardest to accept about yourself?

KEYWORD

DIARY

스스로에 관해 가장 받아들이기 어려운 점은 무엇인가요?

All our dreams can come true
if we have the courage to pursue them.

Walt Disney

———

우리에게 꿈을 쫓을 용기만 있다면, 그 모든 꿈은 이루어질 수 있어요.

월트 디즈니

come true 실현되다 **courage** 용기 **pursue** 추구하다

What helps you release tension
and let go of distracting thoughts?

KEYWORD

DIARY

당신의 긴장을 풀어주고 잡념을 떨쳐버리게 해주는 것은 무엇인가요?

Teenager blinded by chips and junk food diet: News Review

BBC Learning English

#BBC에서이름내걸고만든영어영상 #다양한포맷있으니살펴볼것 #인스타그램계정도있음

So I would get my chips from a fast-food outlet such as McDonalds or Burger King or whatever. Or I would buy my crisps in a supermarket.

감자튀김은 맥도날드나 버거킹 같은 패스트푸드점에서 사고 감자칩은 마트에서 사겠네요.

미국에서 감자튀김은 french fries, 감자칩은 chips라고 하죠. 반면 영국에서는 감자튀김을 chips, 감자칩은 crisps라고 해요. 물론 얇은 감자튀김은 french fries라고도 하지만 영국에는 fish and chips처럼 살짝 두께감 있는 감자튀김(chips)이 더 많죠.

Your food can go cold / go off.

음식이 식거나 상할 수도 있어요.

go는 '가다' 말고도 상태의 변화를 나타내는 의미로도 활용돼요. 'go cold(식다, 차가워지다)', 'go off(음식이 상하다)'처럼 go와 결합해서 쓰는 표현을 정리해 보세요.

My English Phrases Archives

TITLE

Normality is a paved road;
it's comfortable to walk,
but no flowers grow on it.

Blessed are those who can give without remembering and receive without forgetting.

Elizabeth Bibesco

복이 있는 사람들은 본인이 준 것에 대해서는 일일이 기억하지 않고 다른 사람에게 받은 것은 잊지 않죠.
엘리자베스 비베스코

blessed 복이 많은, 축복 받은 **without** ~없이 **forget** 잊어버리다

Is it more important to love or to be loved?

KEYWORD

DIARY

사랑하는 것과 사랑받는 것, 어떤 것이 더 중요하나요?

Art is not a handicraft,
it is the transmission
of feeling the artist has experienced.

Leo Tolstoy

———

예술은 그저 손으로 만든 작품이 아니라 예술가가 직접 경험한 감정을 전달하는 거예요.
레프 톨스토이

handcraft 수공예품   transmission 전달   have experience 경험을 하다

How are you feeling now?

KEYWORD

DIARY

지금 기분이 어떤가요?

Good things come to people who wait, but better things come to those who go out and get them.

Anonymous

———

기다리는 사람에게 좋은 일이 찾아오지만,
나가서 얻고자 하는 사람에게는 더 좋은 일이 찾아와요.
익명

come to (상황이나 사태가) 오다 **go out** 밖에 나가다 **get** 얻다

Are there times when you feel like giving up?
What leads you to that state?

KEYWORD

DIARY

포기하고 싶을 때가 있나요?
무엇이 당신을 포기하게 만드나요?

I am lucky to do what I do and enjoy life.

Boban Marjanovic

———

내가 내 일을 하고 인생을 즐길 수 있다는 것은 행운이에요.
보반 마랴노비치

lucky 운이 좋은   **enjoy** 즐기다

How are you lucky?

KEYWORD

DIARY

내게 어떤 행운이 있다고 생각하나요?

British People Try Twinkies
for the First Time

JOLLY

#영국남자세컨채널 #좀더정적인토크쇼느낌 #꿀잼

That would go really well with beer.

그거 맥주랑 완전 잘 어울리겠어요.

go well with something(~와 잘 어울리다)은 잘 어울리는 음식의 조합을 얘기할 때 특히 많이 사용하는 표현이에요. 'These biscuits go well with normal tea.(이 비스킷들은 차와 잘 어울려.)'처럼요.

These are a lot smaller than I was expecting them to be.

제가 생각했던 것보다 훨씬 작네요.

expect를 단순히 '기대하다'라는 뜻으로 외우면 입 밖으로 꺼내기가 어려울 거예요. '생각했던 것보다 ~하다'라는 의미로 외워 두면 훨씬 자주 사용하게 되겠죠? 일상생활에서 많이 쓰이는 표현이니 꼭 기억해 두세요.

They are really moreish.

이거 완전 중독성 있네요.

음식이 맛있다고 표현할 때, 흔히 쓰는 yummy(아주 맛있는) 말고, moreish(중독성 있는)도 써보세요. 음식이나 음료의 맛이 중독성이 있고, 끊임없이 더 먹고 싶을 때 사용할 수 있는 단어죠.

My English Phrases Archives

TITLE

Everyone can do simple things
to make a difference,
and every little bit does really count.

Dream as if you'll live forever.
Live as if you'll die today.

James Dean

———

영원히 살 것처럼 꿈꾸세요.
오늘이 마지막 날인 것처럼 사세요.

제임스 딘

as if 마치 ~인 듯이　**forever** 영원히　**die** 죽다

What do you want to enjoy about today most, and how will you enjoy it?

KEYWORD

DIARY

Don't raise your voice, improve your argument.

Anonymous

———

언성을 높이기보다 주장을 개선해 보세요.

익명

raise 올리다　**improve** 개선하다　**argument** 주장

Do you find it difficult to admit when you're wrong?

KEYWORD

DIARY

당신이 틀렸을 때 그것을 인정하기 어려워하나요?

No masterpiece was ever created
by a lazy artist.

Anonymous

———

게으른 예술가가 걸작을 만들어낸 적은 없어요.

익명

masterpiece 걸작   **create** 창조하다, 창작하다   **lazy** 게으른

Do you see yourself as a productive person?

KEYWORD

DIARY

당신은 생산적인 사람이라고 생각하나요?

DAY
84

Keep your face to the sunshine and you cannot see a shadow.

Helen Keller

———

당신의 얼굴이 항상 햇살을 향하게 하세요.
그러면 그림자는 보지 않아도 될 거예요.

헬렌 켈러

keep ~을 계속하다, 유지하다 **sunshine** 햇빛 **shadow** 그림자

How can you be more positive?

KEYWORD

DIARY

DAY
85

CHATTY GRWM:
Freshers, New Piercings and Vlogtober

Sunbeamsjess

#영국인뷰티패션유튜버 #런던 #발음과목소리가유상취향

My fringe is really long at the minute.

제 앞머리가 지금 좀 많이 길어요.

at the minute는 지금(now)이라는 뜻으로 at the moment와 동의어로 많이 쓰여요.

It looks a bit rubbish at the minute.

지금 엉망이긴 한데요.

미국에서는 쓰레기를 trash라고 하지만 영국에서는 rubbish로 써요. 무언가 형편없거나 말도 안 되는 상황에 쓰레기, 엉망이라는 의미로 써요.

I'm just trying out seeing how it looks when it's a little bit longer.

좀 더 길면 어떨지 길러 보고 있는 중이에요.

우리말 해석을 보면 쉬운 문장 같지만, 막상 영어로 표현하기에는 까다로운 문장이에요. 이처럼 우리 말을 영어로 그대로 번역하는 방식으로는 나오기 힘든 문장 구조나 표현들은 통째로 암기하거나, 따로 정리해 익혀 두는 것이 좋아요.

My English Phrases Archives

TITLE

Being brave isn't
the absence of fear.
Being brave is having that
but finding a way through it.

You alone are enough,
you have nothing to prove to anybody.

Dr. Maya Angelou

———

당신 그 자체로 충분하고 그 어떤 누구에게도 당신을 증명하지 않아도 돼요.
마야 안젤루

alone 단독으로 **have nothing to** ~할 게 없다 **prove** 입증하다 **anybody** 누구나

Can you be yourself
around people you don't know?

KEYWORD

DIARY

모르는 사람들과 있을 때 본래 자신의 모습으로 지낼 수 있나요?

There are dreamers and there are planners; the planners make their dreams come true.

Edwin Louis Cole

꿈을 꾸는 사람들이 있고, 계획을 세우는 사람들이 있죠.
계획을 세우는 그 사람들이 자신의 꿈을 이뤄내요.
에드윈 루이스 콜

dreamer 꿈을 꾸는 사람 **planner** 설계자, 계획자 **come true** 이루어지다

Where will you be in 5 years?

KEYWORD

DIARY

5년 후에 어디에 있고 싶나요?

Trust because you are willing to accept
the risk, not because it's safe or certain.

Anonymous

———

안전하거나 확신이 들지 않더라도
기꺼이 그 위험을 감수하기로 마음 먹었으니 믿어 보세요.

익명

be willing to 흔쾌히 ~하다   **accept** 감수하다   **certain** 확실한

What is your biggest challenge at the moment?

KEYWORD

DIARY

현재 당신을 가장 힘들게 하는 것은 무엇인가요?

Laziness is nothing more than the habit of resting before you get tired.

Jules Renard

———

게으름은 피곤해지기 전에 쉬는 습관일 뿐이에요.
쥘 르나르

laziness 게으름 **nothing more than** ~에 불가한

What habits would you like to start?

KEYWORD

DIARY

새로 만들고 싶은 습관이 있나요?

DAY
90

Tom Holland Replies to Fans on the Internet

GQ

#톰홀랜드 #마이달링의늪 #귀여워ㅠㅠ

We're just waiting for the right time to release it.

공개할 시기를 기다리고 있는 중이에요.

무언가를 하기 적절한 시기를 기다리고 있을 때 어떤 표현을 사용할까요? 그럴 때는 'wait for the right time to...(~을 하기에 적절한 때를 기다리다)' 패턴을 사용해 보세요. 위의 예문을 통째로 외워 두는 것도 좋은 방법이에요.

Well, I do drink coffee if I'm in the States, but when I'm at home I drink tea, because that would be, uh, treason.

뭐, 미국에 있을 때는 커피를 마시겠지만 집(영국)에 있을 때는 차를 마셔요. 왜냐하면 그건(영국에서 차를 두고 커피를 마시는 것) 반역 행위라고 볼 수 있으니까요.

미국을 가리키는 단어로는 여러 가지가 있어요. the United States, the U.S., America, the States 등 상황에 따라 다양하게 표현할 수 있답니다. 개인적으로는 the States와 the U.S.를 자주 사용하는 편이에요.

So that would kind of be a bit of a bummer.

그건 좀 아쉬울 것 같아요.

bummer는 아쉬움, 유감, 실망감 등을 표현하는 단어죠. 영화를 볼 때 많이 듣게 될 표현이에요.

My English Phrases Archives

TITLE

Believe you can
and you are halfway there.

You must expect great things of yourself before you can do them.

Michael Jordan

———

위대한 일을 행하기에 앞서 본인이 그 일을 할 수 있다고 생각해야 해요.
마이클 조던

expect 예상하다 **before** ~에 앞서

What do you expect from this week?

KEYWORD

DIARY

이번 주에 어떤 일을 기대하고 있나요?

The meaning of life is to find your gift.
The purpose of life is to give it away.

Pablo Piccasso

———

자신의 재능을 찾는 것이 삶의 의미라면
삶의 목적은 그 재능을 베푸는 것이에요.

파블로 피카소

gift 재능 **purpose** 목적 **give away** 내주다. 베풀다

How can you help others?

KEYWORD

DIARY

다른 사람들을 어떻게 도울 수 있을까요?

The starting point of all achievement is desire.

Napoleon Hill

———

모든 성취의 출발점은 욕망이에요.

나폴레온 힐

starting point 출발점 **achievement** 성취 **desire** 욕망

What can you do to step
outside of your comfort zone?

KEYWORD

DIARY

현실에 안주하지 않기 위해 무엇을 할 수 있을까요?

The more you praise and celebrate your life,
the more there is in life to celebrate.

Oprah Winfrey

당신의 인생을 응원하고 축하할수록 실제로 인생에서 축하할 일들이 많아져요.
오프라 윈프리

praise 칭찬하다   celebrate 축하하다

What is the most loving and supportive thing you can do for yourself today?

KEYWORD

DIARY

오늘 나 자신을 따뜻하게 격려해 주기 위해 할 수 있는 것은 무엇일까요?

BBC News (App)

#BBCNews #뉴스 #유튜브도있고어플도있음 #아침영어공부 #라이팅공부도하기좋음

In just over a decade, Uber has revolutionised how we move around our cities.

불과 10여 년 만에 우버는 우리가 도시에서 이동하는 방식에 혁명을 가져왔습니다.

10년을 말할 때, ten years 말고 a decade도 써보세요. 다양한 어휘를 사용하는 것이 좋아요.

There was no need to keep cash on hand.

현금을 수중에 갖고 다닐 필요가 없습니다.

보통 '~할 필요가 없다'라고 말하고 싶을 때에는 'don't need to+동사'형태를 활용하는데, need를 명사로 활용해 'there's no need to'라고 표현할 수도 있어요.

*우버(Uber): 미국에서 시작된 차량 공유 서비스로, 모바일 앱을 통해 승객과 운송 차량을 연결해 준다.

My English Phrases Archives

TITLE

Don't count the days
Make the days count.

Believe you can and you're halfway there.

Theodore Roosevelt

———

할 수 있다고 믿으면 이미 반은 온 것이라 볼 수 있죠.

시어도어 루스벨트

believe 믿다　**halfway** 중간에

What is your goal for next month?

KEYWORD

DIARY

다음 달 목표는 무엇인가요?

Slow down and enjoy life.
It's not only the scenery you miss by going
too fast – you also miss the sense of
where you are going and why.

Eddie Cantor

———

좀 느긋하게 삶을 즐기세요.
너무 바쁘게 살면 그 주변 풍경을 놓치는 것은 물론 당신이 어딜 향해 가고 있는지,
왜 그곳에 가고 있는지 잊어버리기 십상이에요.

에디 캔터

scenery 풍경 **fast** 빠른 **miss** 빠뜨리다

What helps you slow down
and feel more in the present?

KEYWORD

DIARY

당신이 느긋하게 지금 이 순간을 오롯이 느낄 수 있도록 만드는 것은 무엇인가요?

To find yourself, think for yourself.

Socrates

———

진정한 자아를 찾기 위해서 스스로 생각해야 해요.

소크라테스

find 찾다　**think for oneself** 혼자서 생각하다

What questions do you have about yourself that you haven't answered yet?

KEYWORD

DIARY

아직 스스로에게 물어보지 못한 또 다른 질문이 있나요?

Strive for progress, not perfection.

Anonymous

———

완벽하려고 하기보다 더 나아가기 위해 노력해 보세요.

익명

strive for ~을 얻으려고 노력하다   **progress** 진전

How do you feel the last 99 days have been?

KEYWORD

DIARY

지난 99일 동안 어땠나요?

DAY
100

@cambridgewords (Instagram)

#케임브리지사전 #유상이제일많이쓰는영어사전 #단어표현배우기좋음

If you say there is 'an elephant in the room', you mean that there is an obvious problem or a difficult situation that people do not want to talk about.

'방 안에 코끼리'가 있다고 말하면 그건 사람들이 얘기하기 꺼려 하는 명백한 문제나 어려운 상황이 있다는 걸 의미해요.

@phrasalcards (Instagram)

#유용한동사활용법 #예문도같이나와서좋음

Phrasal verb 'put off' means 'to postpone, to schedule something for a later time.'

구동사 put off는 '일을 연기하다. 나중으로 일정을 잡다'라는 의미예요.

My English Phrases Archives

TITLE

At the end of the day

if I can say I had fun

it was a good day.

PARK YOUR BACKSIDE

먼저 이 일기를 마친 당신! 정말 축하합니다. 100일이 짧다면 짧은 시간이지만, 무언가 꾸준히 쓴다는 것이 결코 쉬운 일은 아닌데 끝까지 해내다니 정말 멋집니다. 에필로그에서 어떤 얘기를 해보면 좋을까 고민하다가 문득 그런 생각이 들었어요.

'실수에 대한 두려움을 조금 더 일찍 극복했더라면,
더 편하게, 재미있게, 빠르게 영어를 배울 수 있지 않았을까?'

저는 영어로 말할 때 실수하는 것을 싫어하다 못해 무서워했던 것 같아요. 그래서 말 한마디를 꺼낼 때마다 문법적인 오류가 없는 완벽한 문장을 고민하느라 입 한번 떼기 어려웠죠. 물론 그런 완벽주의적인 성향이 유창한 영어를 구사하는 데 도움되기도 했지만요.

한국에서는 영어를 언어로 접하기보다 교육 과목으로 배우다 보니 시험 점수와 평가에 대한 부담감을 가지고 영어 공부를 시작하는 경우가 많죠. 그래서 영어를 좋아해 볼 틈도 없이 계속 시험이나 평가에 맞춰 영어를 공부하는 분들을 보며 참 안타까웠어요. 그중에서도 라이팅과 스피킹은 리스닝과 리딩에 비해 정규 교육 과정에서 다루는 비중도 적고, 시험이나 평가가 상대적으로 부족한 상황이에요. 그러다 보니 라이팅과 스피킹 영역에서는 더 많은 시행착오를 겪을 수밖에 없었을 테죠.

여러분이 꼭 기억해 주셨으면 하는 점이 있어요. 지금 영어를 공부하면서 하는 실수들이 절대 여러분의 실력이 부족하거나 모자라서가 아니라는 사실을요. 아직 영어에 대한 흥미를 느끼며 제대로 학습해 본 적이 없어서 나오는 실수라는 것을 아셨으면 해요. 학습자 입장에서 당연히 겪을 수 있는 일이니 너무 기죽거나 자책하지 않으셨으면 좋겠어요. 실수 좀 하면 어때요? 영어는 외국어인데! '아무도 시키지 않았지만 난 내가 하고 싶으니까 이렇게 영어로 일기도 써 보는 멋진 사람이다'라는 생각을 하며 스스로를 다독여 보세요. 나에 관한 이야기를 써 보는 것부터 하나씩 차근차근 시작해 보셨으면 좋겠어요.

이 일기에 적은 영어 문장들이 완벽하지 않아도 괜찮아요. 중간중간 뜻을 찾아 적느라 한글이 적혀 있어도 상관없고, 쓴 글이 마음에 들지 않아 그 위에 두 줄을 쭉 그어도 좋아요. 이 일기를 쓰며 잠시 동안 여유를 느꼈다면, 새로 배운 영어 단어 하나를 넣어 나만의 문장을 만들어 보았다면 그것만으로도 충분합니다. 그 작은 조각들이 모여 훗날 여러분에게 큰 도움이 될 테니까요. 앞으로도 그 과정 계속 함께해요! 항상 응원하겠습니다.

'Everyone can do simple things to make a difference,
and every little bit really does count.'

Stella McCartney

'누구든 변화를 만들기 위해서 단순한 것들을 실행할 수 있어요.
그 작은 하나하나가 정말 중요하게 작용하죠.'
스텔라 맥카트니

김유상 *Erin*

영어가
가벼워지는
시간

초판 1쇄 | 2022년 12월 25일
초판 2쇄 | 2023년 1월 20일

지은이 | 김유상
발행인 | 김태웅
편집주간 | 박지호
기획편집 | 신효정
디자인 | 남은혜
마케팅 | 나재승
제 작 | 현대순

발행처 | (주)동양북스
등 록 | 제 2014-000055호(2014년 2월 7일)
주 소 | 서울시 마포구 동교로22길 14 (04030)
구입문의 | 전화 (02)337-1737   팩스 (02)334-6624
내용문의 | 전화 (02)337-1762   dybooks2@gmail.com
인스타 | @dongyangbook

ISBN 979-11-5768-842-5 13740

영어가
가벼워지는
표현 사전

동양북스

영어가
가벼워지는
표현 사전

Designing Your Own Phrases

영어 사전 활용법, 영어 단어를 찾아 문장으로 만들기까지

저는 단어장으로 영어 단어를 공부하지 않습니다. 영어 텍스트를 읽을 때 궁금한 단어가 생길 때마다 영영 사전을 찾아보면서 익히는 편이죠. 주로 케임브리지 영영 사전(Cambridge Dictionary)을 사용하는데, 영영 사전을 사용해야 하는 이유는 생각보다 간단합니다.

영영 사전의 중요성 - 뜻과 뉘앙스 정확히 파악하기

우리는 보통 'funny=웃긴'처럼 1:1로 뜻을 매칭해 단어를 외웁니다. 하지만 funny는 '이상한'이라는 뜻으로 쓰이기도 하죠. 실제로 한 단어가 다양한 뜻을 나타내는 경우가 많은데, 그 단어가 갖고 있는 뉘앙스를 파악하고 오역을 방지하려면 영영 사전은 이제 선택이 아닌 필수라고 생각합니다. 사전을 볼 때 단어의 뜻뿐만 아니라 해당 단어의 쓰임을 살펴보는 것도 중요하다는 점 잊지 마세요!

영영 사전과 영한 사전으로 학습하기

[케임브리지 영영 사전]

distract

verb

UK 🔊 /dɪˈstrækt/ US 🔊 /dɪˈstrækt/

to make someone stop giving their attention to something

· Stop distracting me – I'm trying to finish my essay.

> **Stop distracting me – I'm trying to finish my essay.**
> 나 에세이 쓰던 거 마무리하게 방해 좀 하지 말아 봐.

영영 사전에서는 뜻뿐만 아니라 예문들도 함께 제공하고, 실제로 문장에서 어떻게 쓰이는지 그 문맥과 문법적인 구조를 보여 줍니다.

'distract는 무언가가 집중하는데 주의를 딴 데로 돌리다'라는 느낌이구나. 'distract는 동사인데 저렇게 동명사 형태로 ing를 붙여서 사용하기도 하는구나'라고 영영 사전 속 예문을 통해 배울 수 있죠. 예문의 문장을 직접 쓰고 읽으면서, 그 단어를 온전히 나만의 것으로 만드는 것이 저의 단어 공부법입니다.

혹시 영영 사전의 뜻을 해석하는 것이 어렵게 느껴진다면, 영한 사전을 참고해 의미를 먼저 파악해 보는 것도 좋은 방법입니다.

[네이버 영한 사전]

distract ★ ◎
동사 (정신이) 집중이 안 되게[산만하게/산란하게] 하다, (주의를) 딴 데로 돌리다 (=divert)

다른 콘텐츠에서 같은 표현 찾아보기

어느 날 한 영화를 보다가 앞서 언급한 'distract'라는 단어를 다시 만났습니다.

Sorry, I just got distracted for a second.
미안, 잠깐 정신이 딴 데 팔렸어.

여기서 'distract'는 'got distracted' 형태로 쓰인 것을 확인할 수 있었는데요. 이런 식으로 한 단어의 데이터를 계속 축적해 나가면서 사용하는 영어 단어의 스펙트럼을 넓혀 가시는 것이 좋습니다.

Handy Phrases Archiving

나만의 영어 문장 수집

좋은 문장을 쓰기 위해서는 좋은 단어와 표현이 필요합니다. 사실 저의 라이팅 학습법은 스피킹이나 미미킹(mimicking, 듣고 따라하기) 학습법과 비슷합니다. 특정한 학습 자료 없이 좋아하는 콘텐츠를 통해 단어와 표현을 수집하죠. 여기서 중요한 포인트는 그 과정에서 최대한 많은 문장들을 접하고, 그 문장들을 활용하고 응용하는 것인데요. 그렇다면 어떤 문장이 좋은 문장인지, 좋은 단어와 표현은 어떤 기준으로 고르면 좋을지는 어떻게 알 수 있을까요?

평소에 말하고 싶었던 문장 모으기

좋은 문장은 내가 하고 싶은 말이나 생각을 잘 나타내 주는 문장입니다. 어떤 얘기를 하고 싶은데 머릿속에 바로 떠오르지 않는다면 좌절할 일이 아니라 '내가 좋은 문장을 배울 기회가 생겼구나'하고 기뻐할 일인 거죠. 그리고 콩글리쉬나 번역 투가 아닌 원어민이 쓰는 살아 있는 표현, 바로 그 문장이 좋은 문장입니다.

예로, 저는 '빨래를 널다'라는 표현을 꽤 오랫동안 찾고 있었습니다. 그러다가 한 번은 영국 본머스 집에서 같이 살던 친구가 'I was hanging the washing...(내가 빨래를 널고 있었는데…)'라고 하는 겁니다. 저는 '아! 저거다' 하고 친구랑 대화가 끝나자마자 메모장에 문장을 적었습니다. 이런 식으로 상황과 표현을 바로 익히고 사용하다 보면 저절로 내 문장이 되고 자연스레 내 실력이 된답니다.

자주 쓰이고 활용도가 높은 문장 모으기

제가 생각하는 좋은 표현은 사용 빈도수나 활용도가 높은 것들입니다. 예를 들면, 라이팅에서 특히 자주 쓰는 '~와 관련하여'라는 표현으로 regarding, with regard to, in terms of 등이 있죠. 어떤 단어가 사용 빈도가 높은지 모르겠다면 구글에 'most commonly used words in English'라고 검색해서 나오는 단어들부터 공부해 보세요. 앞으로 여러분이 자주 쓸 단어들이니까요!

영어책과 친해지기

글을 잘 쓰기 위해서는 글을 많이 읽는 게 중요한데, 영어책을 보지도 않고 영어 글쓰기를 잘하겠다는 건 앞뒤가 안 맞죠. 이제 높은 점수를 얻기 위한 문제집 말고, 자신이 읽고 싶은 영어책을 골라 펼쳐 보면 어떨까요?

'영어책을 읽으라니! 읽어본 적도 없고 읽을 수도 없을 거야'하고 단정하지 않았으면 좋겠어요. 쉬운 영어 동화책부터 한 권 골라 영어와 친해져 보세요. 짧은 이야기부터 시작해서 더 길고 복잡한 문장 구조의 책까지 차근차근 도전하면 돼요. 조급할 필요가 전혀 없습니다.

책을 고를 때는 난이도도 고려해야 하지만, 좋아하는 장르나 스토리의 책이나 현실에서 사용할 수 있는 영어 문장들이 많은 책을 선택하는 것이 좋습니다. 혹시 영상 콘텐츠를 더 좋아하더라도 영어 글쓰기 실력을 늘리고 싶다면 영어책 읽기도 병행하시기를 바랍니다. 영상과 책을 활용한 학습 비율을 7:3 이나 8:2 정도로 조정해서 본인에게 맞는 학습 스타일을 찾으면 됩니다.

* 올인원 페이지를 통해 영어책 추천 영상을 확인하실 수 있습니다. 어떤 책을 읽을지 고민된다면 해당 영상을 참고해 보세요!

Cursive Writing & English Typing

필기체와 영어 타자 연습이 가져다 주는 선물

대학교 2학년 때쯤이었을까요, 훗날 영국에서 하고 싶은 공부를 하거나 일을 할 때 그 자리에 있는 모든 사람들이 필기체로 멋지게 메모를 하는데 저만 느릿느릿 꼬물꼬물 정자체로 영어를 적고 있는 끔찍한 상상을 했습니다. 사실 영국인들 중에서도 필기체를 쓰는 사람들이 그리 많지 않다는 것을 이제는 알지만 그때는 그게 동기 부여가 되어 필기체로 필사를 하고, 영어 타자 연습을 시작했던 것 같아요. 당시 영문학과에 재학 중이었음에도 불구하고 영어로 뭔가를 적어야 할 일은 많지 않았어요. 그래서 저는 제가 좋아하는 책과 즐겨 보던 영화의 명대사 같은 것들을 그대로 따라 적으며 연습했습니다.

문장 필사로 영어 실력 기르기

필기체의 경우 처음에 알파벳을 하나하나 따라 쓸 때는 정말 이게 되긴 되는 건가 싶었지만 어느 정도 문장을 적을 정도가 되니 재미가 붙었습니다. 언니한테 선물 받았던 만년필을 꼭 쥐고 손이 아플 때까지 노란 케임브리지 종합장 몇 권을 계속 써 내려갔습니다. 생각해 보면 필기체 연습'만' 된 것은 아닌 것 같아요. 그때 썼던 많은 좋은 문장과 표현들이 나중에 제가 스피킹을 할 때 밑거름이 되었으니까요. 몇몇 문장들은 아직도 생생하게 기억납니다. 한창 〈킹스 스피치〉라는 영화에 빠져 있을 때 조지 6세의 연설문을 정말 많이 따라 썼던 기억이 있어요. 일상생활에서 자주 사용하는 문장도 아니었지만 그냥 그 영화가 좋았고, 영어가 좋았고, 문장이 좋았던 것 같아요.

마음을 담은 손 편지로 외국인 친구와 추억 쌓기

그동안 연습해 온 필기체를 실제로 쓰게 된 건 정말 의외의 상황에서였습니다. 예를 들면 페리에서 같이 일하던 친구에게 생일 편지를 쓸 때, 런던 에어비앤비 호스트에게 고맙다는 메시지를 남길 때, 또 이 책에서는 제가 찍은 사진에 명언을 직접 쓰기도 했습니다. 물론 빨리 휘갈겨 쓸 수 있다는 것도 필기체의 장점에 속하지만 누군가에게 마음을 담은 예쁜 손 편지를 남길 때 특히 더 빛을 발했습니다.

영어 타자 연습으로 문장 수집하기

영어를 꾸준히 공부하실 분들이라면 영어 타자도 꼭 연습해 보셨으면 좋겠어요. 일단 보고 쓰고 연습해야 할 문장들이 많을 때는 손으로 직접 쓰는 것보다 타자로 치는 게 훨씬 빠르니까요. 영어로 메일을 쓸 일이 있거나 외국인 친구랑 메시지를 주고 받을 때 말고도 영어 문장 수집을 보다 효율적으로 할 수 있다는 점 또한 정말 큰 강점입니다. 키워드 검색도 가능하니 쓰고 싶은 문장이 있을 때 바로바로 찾아볼 수도 있고요! 영어 문장을 수집하는 데 있어서도 영어 타자를 칠 줄 알면 영어 공부의 효율을 극대화할 수 있습니다. 단기간에 효율적으로 영어를 공부하고 싶은 분들은 꼭 도전해 보시길 바라요.

일기에 쓰기 좋은 날씨 표현

일기에 날씨 표현이 빠질 수 없겠죠? 다양한 표현들을 알아 두세요. 참고로 날씨를 말할 때는 'It's + 날씨 형용사(~날씨다)'의 형태로 쓸 수 있어요.

표현	뜻
chilly	쌀쌀한
freezing	너무 추운(꽁꽁 얼 정도로)
warm	따뜻한
beautiful · gorgeous · fantastic · amazing	날씨가 좋은
hot	더운
boiling · roasting · scorching · stifling	너무 더운
humid	습한
stuffy	습하고 더운
sticky	끈적한
drizzling · light rain	가벼운 비
raining	일반적인 비
It's a bit wet outside.	밖에 비 좀 온다
pouring	비가 쏟아부을 때
heavy rain	쏟아지는 비
shower	소나기
raining on and off	비가 왔다 안 왔다 할 때
cloudy	구름이 낀
hazy	얕은 안개가 낀
foggy	짙은 안개가 낀
gloomy · miserable · depressing	우중충한, 음울한

일기에 시간 표현이 빠질 수 없겠죠? 다양한 표현들을 알아 두세요. 참고로 시간을 물어보는 표현(몇 시예요?)은 What time is it?, Do you know what time it is?, What's the time? 등이 있어요.

표현	뜻	예문
quarter	15분(60분의 1/4)	quarter past one 1시 15분
half	30분(60분의 1/2)	half past three 3시 반
o'clock	정시	8 o'clock 8시 정각
midday	오후 12시(=noon)	It's almost midday. 거의 정오가 다 되어가네.
midnight	오전 12시	It's already half past midnight. 벌써 밤 12시 반이야.
past	(시간이) 지난	10 past 1 1시 10분 quarter past 3 3시 15분 half past 4 4시 반
to	(해당 시간을) 향해	20 to 6 5시 40분 quarter to 6 5시 45분
in the morning	아침, 새벽	2 in the morning = 2am 새벽 2시
early in the morning	아침 일찍	I get up early in the morning. 나 아침에 일찍 일어나.
in the afternoon	오후	3 in the afternoon = 3pm 오후 3시

표현	뜻	예문
in the evening	저녁(시간)	6 in the evening = 6pm 저녁 6시
at night	밤 시간	It gets cold at night. 밤에 추워져.
late at night	밤 늦게	It was late at night when we arrived. 우리가 도착한 건 늦은 밤이었어.
yesterday	어제	He called yesterday while you were out. 어제 네가 나가 있을 때 그 남자애가 전화했었어.
the day before yesterday	엊그제	They left the day before yesterday. 그들은 그저께 떠났어.
tomorrow	내일	Oh, leave it till tomorrow. 아, 내일까지 그냥 놔둬.
the day after tomorrow	내일 모레	I'll see you the day after tomorrow. 모레 보자.
fortnight	2주일	How much would it cost to hire a car for a fortnight? 2주간 자동차 빌리면 얼마 정도일까?

일기에 쓰기 좋은 부사 표현

일기를 쓸 때 다양한 부사를 사용해 표현을 풍부하게 만들어 보세요.

표현	뜻	예문
literally	말 그대로, 그냥	I live literally just round the corner from her. 그 친구 집에서 코너만 돌면 바로 우리 집이야. (나 그 친구 집 바로 앞에 살아.)
particularly	특히	They don't seem particularly worried about the situation. 그들은 그 상황에 대해 그렇게 특별히 걱정하는 것 같지는 않던 걸.
hopefully	바라건대, ~하면 좋겠다	Hopefully, we'll be in London by early evening. 초저녁쯤에는 런던에 있으면 좋겠다.
honestly	솔직히, 진짜로	I honestly can't remember a thing about last night. 나 어젯밤 일 정말 하나도 기억 안 나.
seriously	진지하게, 심각하게	You're not seriously thinking of leaving, are you? 너 진지하게 떠날 생각하고 있는 건 아니지, 그치?
completely	완전히	I completely agree with you. 네 말에 전적으로 동의해.
slightly	약간, 조금	I'm slightly worried that she'll get lost on the way. 그녀가 오는 길에 길을 잃을까 살짝 걱정 돼.
always	항상	I always check I've shut the windows before I leave the house. 집을 나가기 전에는 항상 창문을 다 닫았는지 확인해.
certainly (=definitely)	확실히, 틀림없이	Certainly not! 당연히 아니지!

표현	뜻	예문
technically	기술적으로, 엄밀히 따지자면	Technically, the two countries are still at war. 엄밀히 따지면 두 국가는 아직 전쟁 중에 있어.
personally	개인적으로	Personally, I think the show is going to be a great success. 개인적으로 나는 이 쇼 대박날 것 같아.
probably	아마	I'll probably be home by midnight. 아마 밤 12시까지는 들어갈 거야.
barely	거의 ~않다	There was barely any smell. 거의 아무 냄새도 안 났어.
absolutely	완전, 진짜로, 당연히, 물론이지	The food was absolutely delicious. 음식 완전 맛있었어.
immediately	즉시	She asked him to come home immediately. 그녀는 그에게 당장 집으로 오라고 했어.
properly	적절하게, 제대로	It's still not working properly. 아직도 제대로 작동하지 않네.
apparently	명백하게	Apparently, it's going to rain today. 보아하니 오늘 비가 오겠네.
approximately	대략	It costs approximately £1,000. 천 파운드 정도 들어.
basically	기본적으로, 근본적으로	And that's it, basically. 기본적으로는 그게 다예요.

알아 두면 쓸모 있는 영국식 영어&미국식 영어

영국식 영어와 미국식 영어는 발음뿐만 아니라 사용하는 단어에도 차이가 있어요. 스펠링만 다른 단어도 있으니 비교해서 살펴보세요.

뜻	영국식 영어	미국식 영어
1층	ground floor	first floor
감자칩	crisps	chips
감자튀김	chips	French fries
교장	headmaster	principal
기름(석유)	petrol	gas · gasoline
나이트가운	dressing gown	robe
니트 · 스웨터	jumper	sweater
축구	football	soccer
미식 축구	American football	football
바지	trousers	pants
반창고	plaster	band-aid
비행기	aeroplane	airplane
학사	undergraduate	Bachelor's degree
석사	postgraduate	Master's degree
손전등	torch	flashlight
솜사탕	candyfloss	cotton candy

뜻	영국식 영어	미국식 영어
수능	A-Level	SAT
쓰레기(통)	rubbish (bin)	trash · garbage (can)
앞머리	fringe	bangs
엉덩이	arse	ass
약국	chemist · chemist's	pharmacy · drugstore
엘리베이터	lift	elevator
영화	film	movie
우편번호	postcode	zip code
운동화	trainers	sneakers
유치원	nursery	kindergarten
인도(보행자 도로)	pavement	sidewalk
자동차 보닛	bonnet	hood
중학교/고등학교	secondary school	middle school · high school
청소기	hoover	vaccum cleaner
초등학교	primary school	elementary school
카트	trolley	cart
트럭	lorry	truck
트렁크	boot	trunk
피클	gherkin	pickle

뜻	영국식 영어	미국식 영어
휴가	holiday	vacation
휴대폰	mobile phone	cell phone
극장	theatre	theater
리터	litre	liter
미터	metre	meter
사과하다	apologise	apologize
색깔	colour	color
센터	centre	center
엄마	mum	mom
연습하다, 실행하다	practise	practice
이웃	neighbour	neighbor
잠옷	pyjamas	pajamas
조직하다, 준비하다	organise	organize
좋아하는	favourite	favorite
쥬얼리	jewellery	jewelery
타이어	tyre	tire
편안한, 아늑한	cosy	cozy
행동	behaviour	behavior
회색	grey	gray

자주 쓰이는 영국식 영어 표현

---

alright 좋은, 괜찮은

ex) You alright? 별일 없지?
    I'm alright thanks, you? 뭐 그렇지. 물어봐 줘서 고마워. 넌 어때?

'You alright?'은 기본 인사말이라고 할 정도로 많이 쓰이는 표현인데 우리말로 해석한다면 '별일 없죠?' 정도가 될 것 같네요. 'You alright?' 했을 때 'I'm alright(good), you?' 해도 되고 짧게는 'Yeah, you?'라고 하기도 해요. 자세한 대화로 이어 나가기보다 간단히 '잘 지내죠?'라고 묻고 싶을 때 제격이랍니다.

---

fancy 원하다, 끌리다

ex) What do you fancy? 뭐가 끌려?
    Anything you fancy. 너 원하는 거 아무거나 다 좋아.

fancy라는 단어를 한국에서는 뭔가 '장식이 많고 화려한, 값비싼' 느낌으로 많이 사용하지만 실제로는 '원하다'의 의미로도 많이 쓰여요. 친구한테 '차 한 잔 마실래?' 혹은 '한 잔 할래?'라고 말할 때 'Fancy a cuppa(a cup of tea)?' 혹은 'Fancy a drink?'라고 표현할 수 있어요.

After you. 먼저 하세요.

ex) After you. 먼저 하세요.

양보할 때 정말 많이 쓰이는 표현인데 생각보다 입에 붙기까지 시간이 걸렸던 것 같아요. 영국식으로 after를 발음할 때는 '애프터'보다는 '아프터'에 가깝게 발음해야 하는 거 아시죠? 잘 익혀 두었다가 누군 가에게 '먼저 하세요, 먼저 지나가세요' 할 때 한번 써 보세요.

Pardon? 네?, 뭐라고 하셨나요?

ex) Pardon? 뭐라고 하셨나요?

영국에 가서 직접 듣기 전까지만 해도 'Pardon?', 'I beg your pardon?'은 교과서에만 나오는 표현인 줄 알았어요. 실제로 'I beg your pardon?'은 거의 들어보지 못했지만 'Pardon?'은 'Sorry?'만큼이나 많이 사용되고 있답니다. 한글로 발음을 적으면 '파~든'인데, '파'는 입을 동그랗게 만들어 깊은 소리를 내주는 게 포인트예요. 그 외에 'What's that?', 'What was that?'으로 표현할 수도 있지만 앞서 말한 'Pardon?'이나 'Sorry?'보다는 덜 정중한 느낌이기 때문에 이건 조금 더 친하고 가까운 사이일 때 사용하는 것이 좋아요.

---

lovely 좋은, 예쁜, 러블리한

ex) The weather is so lovely today. 오늘 날씨 진짜 좋아.

영국에서는 어떤 사물이나 사람이 좋으면(심지어 어떤 상황이 좋을 때도) 'lovely'라고 표현해요. 옷이 예뻐도, 날씨가 좋아도, 사람이 친절해도, 차가 맛있어도 lovely라고 할 수 있죠. 긍정의 대답으로 쓰일 수 있는 단어로는 wonderful, fabulous(혹은 줄여서 fab) 등이 있답니다.

dear, darling, lovely, sweetheart, sweety 이쁜이, 자기, 귀염둥이

ex) Thanks, my love. (입사 동기의 물건을 잠깐 들어준 상황)
Yes, my dear? (같이 일하던 동료가 불렀을 때)
Of course, you can stay as long as you want, sweetheart.
(약간 나이가 있는 집주인이 상대적으로 어린 나와의 대화에서)

톤과 뉘앙스에 따라 다양하게 해석할 수 있어요. 영국에서는 알고 지내는 사람들뿐 아니라 모르는 사람들에게도 친근함의 표시로 이런 표현을 사용한답니다.

Cheers. 고마워, 짠!

ex) Cheers. 고마워.   Cheers! 짠!

'고맙다'라는 의미와 건배할 때 '짠'이라는 의미로 사용해요. 그런데 '고맙다'라는 의미로 쓰이는 cheers는 informal(비격식적인) 표현이라 공적인 자리에서 사용하는 건 자제하는 게 좋아요.

Sorry. 미안합니다.

ex) Sorry? 뭐라고 하셨어요?

진짜 영국 사회에 녹아들고 싶다면 필수적으로 사용해야 할 단어라고 생각해요. 영국 사람들은 그렇게까지 미안할 상황이 아닐 때도 'Sorry.'라고 하기 때문이죠. 누군가와 살짝 부딪쳤을 때(스쳤을 때도), 점원에게 뭘 물어볼 때도, 잘 못 알아들었을 때도 다 'Sorry.'라고 해요.

please 부탁해요.

ex) Can I please have one latte?, Can I have one latte, please? 라떼 한 잔 주세요.

무언가를 묻거나 요청할 때 'please'를 넣어서 말하면 한층 더 영국 사람처럼 보일 수 있어요.

brilliant 훌륭한, 뛰어난

ex) I thought it was brilliant! 난 완전 좋았어!

미국에서 '멋지다'라는 표현으로 자주 쓰이는 'awesome'과 같은 느낌의 표현이에요.

bloody 매우, 개

ex) I've had a bloody awful week. 이번 주 진짜 개끔찍했어.

다양하게 활용할 수 있는데 형용사와 함께 사용될 때는 very의 심화형 정도로 이해하고 사용하면 쉬울 것 같아요. '진짜 말도 안 되는 거지!'라는 말을 하고 싶다면 'It's bloody outrageous!'라고 쓸 수 있겠죠. 영화 〈해리 포터〉 시리즈에서는 론이 'Bloody hell!'이라는 표현을 자주 사용하는데, 우리말로 해석하면 '헐 x 친!' 정도가 되는 것이죠. informal(비격식적인) 표현이라 공적인 자리에서 사용하는 건 자제해야 해요.

cheeky 발칙한

ex) Don't be so cheeky! 까불지 마! 능청스럽게 굴지 마!

cheeky는 우리말로 표현하기 참 어려운데, 풀어서 설명하자면 애교로 봐 줄 수 있는 정도의 발칙한 행동을 하고는 능청스럽게 굴 때 사용하는 단어랍니다. 저희 집 고양이는 제가 외출 후 집에 돌아가면 밥을 달라며 야옹~ 하고 우는데, 사실 이미 밥을 먹은 상태임에도 불구하고 못 먹은 척을 할 때가 많아요. 바로 이런 행동을 우리는 cheeky하다고 할 수 있죠.

queue 줄, 줄을 서다

ex) If you want tickets you'll have to join the queue.
티켓 원하시면 저기서 같이 줄 서야 해요.

미국 사람들에겐 생소한 영국 단어 중 하나죠. 영국에 있는 상점에서는 'Queue here'라는 문구를 자주 볼 수 있는데, '여기에 줄 서세요'라는 의미예요. 미국에서는 우리가 잘 알고 있는 동의어 line(줄, 줄을 서다)을 사용해요.

loo 화장실, 변기

ex) I'll just go to the loo. 난 그냥 화장실 가려고.

실제로 'toilet', 'loo' 둘 다 쓰고 남자 화장실(gents)과 여자 화장실(ladies)을 구분해서 말하기도 해요. 미국에서 쓰는 'restroom'은 사용하지 않아요. loo는 Informal(비격식적인) 표현이라 공적인 자리에서 사용하는 건 자제해야 해요.

flat 아파트 한 가구

ex) Are you looking for a furnished flat?
가구가 이미 비치되어 있는 아파트를 알아보시는 거예요?

연립 주택, 다세대 주택 등을 포함하는 아파트식 주거지의 한 가구를 말할 때 쓰는 단어로 미국에서는 apartment라는 단어를 사용해요. 단독 주택은 그냥 house라고 불러요. 같이 사는 친구는 flatmate, housemate라고 한답니다.

rough 몸이 좋지 않은
ex) I'm feeling a bit rough. 오늘 컨디션 좀 별로야.
'거친', '대략적인'이라는 뜻을 가진 rough를 영국에서는 몸이 좋지 않을 때에도 사용해요.

peckish 출출한
ex) By 10 o'clock I was feeling peckish, even though I'd had a large breakfast. 10시쯤 배가 출출했어. 아침도 거하게 먹었는데 말이야.
배가 약간 고프거나 살짝 출출할 때 사용하는 단어예요. 미국식 영어에서는 좀처럼 듣기 어렵지만 영국에서는 흔하게 쓰이는 표현이죠.

reckon 생각하다
ex) What do you reckon? 어떻게 생각해?
think와 동일한 뜻인데 조금 더 캐주얼한 표현이에요.

gutted 속상한
ex) He was so gutted when she finished the relationship. 그녀가 헤어지자고 했을 때 그는 너무 속상해 했어.
굉장히 실망스럽거나 속상한 기분을 묘사할 때 많이 사용하는 표현이에요.

knackered 피곤한
ex) I'm too knackered to go out this evening. 오늘 밤에 나가 놀기에는 너무 피곤해.
'너무 피곤한'이라는 뜻으로 미국보다는 영국에서 더 많이 들리는 표현이죠.

일기에 쓰기 좋은 유상's pick 표현

일기에 다양한 표현을 쓰기가 참 어렵죠. 제가 고른 아래의 표현들과 예문들을 참고해 보세요. 이미 알고 있는 단어도 있고, 처음 보는 단어도 있겠지만 마음에 드는 표현이 있다면 내 문장으로 만들어 보세요.

---

be on about ～에 대하여 이야기하다

ex) I didn't know what he was on about. 그가 무슨 말을 하는지 알 수가 없어.

---

get distracted 주의가 흐트러지다, 정신이 딴 데 팔리다

ex) I was distracted by a loud noise. 큰 소리가 나서 주의가 흐트러졌어.

---

hang out (어른들) 놀다

ex) I was hanging out with my friends last night. 나는 어젯밤에 내 친구들과 놀고 있었어.

---

over the moon 기분이 날아갈 듯이 좋은

ex) I was over the moon. 기분이 너무 좋아서 날아갈 뻔했어.

---

at the end of the day 결국 중요한 것은

ex) At the end of the day, I'll still have to make my own decision.
결국에는 내가 스스로 결정을 내려야 한다는 거지.

---

didn't expect to ～할지 몰랐다

ex) I didn't expect to see him there. 난 그를 거기서 만날 줄은 몰랐어.

---

speak of the devil 호랑이도 제 말하면 온다

ex) Speak of the devil, here she is. 호랑이도 제 말 하면 온다더니 여기 왔네.

---

pop into (one's head) 잠깐 들어가다, 들리다, 갑자기 생각나다, 떠오르다

ex) It just popped into my head. 그게 갑자기 떠올랐어.

---

pop around 잠깐 들리다

ex) I was popping round to get my stuff. 내 물건 챙기려고 잠깐 들렀어.

get a grip 정신을 차리다

ex) I think he ought to get a grip on himself – he's behaving like a child.
개가 정신 차려야 된다고 생각해. 어린애처럼 행동하고 있단 말이지.

one's mind goes blank 머릿속이 하얘지다

ex) I tried to remember her name, but my mind went completely blank.
그녀의 이름을 생각해 내려고 애썼지만 내 머릿속은 새하얘졌어.

make one's mind up 마음먹다, 결정을 내리다

ex) I haven't made up my mind where to go yet. 어디 갈지 아직 못 정했어.

up to (someone) ~에게 달려 있다

ex) It's up to her. 그녀에게 달려 있어.

have something in mind ~염두에 두다, 생각하고 있다

ex) Did you have anything in mind for Tom's present? 톰 선물로 생각해둔 거 있어?

put it this way 이렇게 설명하다

ex) Let's put it this way. 이렇게 한번 얘기해 볼게. (조금 다르게 생각해 보자.)

make a move 이동하다, 움직이다

ex) Shall we make a move? 슬슬 움직일까?

can't be bothered, can't be arsed 귀찮다, 하기 싫다

ex) I really can't be bothered to iron my clothes. 옷 다리기 너무 귀찮아.

moment 잠시

ex) Give me a moment. 잠시만 기다려 줘.

feel like ~하고 싶다

ex) I just felt like it. 그냥 그렇게 하고 싶었어.

meet for drinks 한잔하려고 만나다

ex) It's a great place to meet up for a drink. 한잔하기 좋은 곳이야.

chance 확률
ex) What are the chances of that? 그럴 확률이 얼마나 돼?
head 가다, 향하다
ex) Where are you headed? 어느 쪽으로 가세요?
mind 언짢아하다
ex) I don't mind one way or the other. 어느 쪽이든 난 괜찮아.
heads up 알림, 가벼운 경고
ex) Thanks for the heads up. 미리 알려줘서 고마워.
come to think of it 생각해 보니
ex) Come to think of it, he did mention seeing you. 그러고 보니, 그가 널 만났다는 말을 했어.
get someone wrong 오해하다
ex) Don't get me wrong - I like your hair cut, I'm just surprised you cut it so short. 오해하지 마. 네 머리 스타일 마음에 드는데 그냥 꽤 짧게 잘랐길래 놀랐을 뿐이야.
work 효과가 나다
ex) It works for me. 난 좋았는데.
on board with sth 동의하다, 좋아하다
ex) I'm always on board with cheese. 나는 치즈면 다 좋아.
build one's expectations 기대치를 높이다
ex) He's building my expectations. 그가 내 기대치를 높이고 있어.
expect 예상하다
ex) I was expecting them to be big. 난 얘네가 이거보다는 더 클 거라고 생각했는데.
scare someone make someone jump 놀라게 하다
ex) He made me jump. 그가 날 깜짝 놀라게 했어.

in a minute, in a sec, in a moment 잠시 후에

ex) I'll see you in a sec. 잠시 후에 봐.

doze off 졸다

ex) I was dozing off in front of the fire. 나는 난로 앞에서 꾸벅꾸벅 졸고 있었어.

bring 데려오다

ex) What brings you here? 여긴 어쩐 일이야?

get one's hair done 머리를 하다

ex) I got my hair done. 나 머리했어.

get one's hair cut, get a hair cut 머리를 자르다

ex) She got a hair cut. 그 여자분 머리 잘랐던데.

get one's hair permed, get a perm 파마하다

ex) He got his hair permed. 그 남자분 머리 파마했더라.

get one's hair dyed 머리 염색하다

ex) I got my hair dyed. 나 머리 염색했어.

one of each 각 하나씩

ex) I bought one of each. 각각 하나씩 샀어.

matter 문제, 일, 사안

ex) It's (only) a matter of time. (단지) 시간 문제야.

have a temper 성깔 있다

ex) He has a bit of a temper. 그 남자애 좀 성깔 있어.

relief 안도, 안심

ex) It's a relief. 다행이야.

happen to 어떤 일이 일어나다, 우연히 ~하다

ex) She happens to like cleaning. 그녀는 의외로 청소하는 것을 좋아해.

doubt 의심하다, 믿지 않다

ex) I doubt that. 아닐 것 같은데.

make one's day 누군가를 행복하게 만들다

ex) The phone call from Dave really made my day.
데이브에게서 온 그 전화는 내 하루를 정말 행복하게 만들어 주었어.

have everything under control 상황을 잘 통제하다, 아무 문제 없이 잘 흘러가다

ex) I've got everything under control. 내가 알아서 다 잘 하고 있어.

run late 늦다

ex) All the trains are running late. 모든 기차들이 연착되고 있어.

make a habit of ～을 습관적으로 하다

ex) I've made a habit of doing 10 pushups every morning when I get out of bed.
매일 아침 일어나 팔굽혀펴기 10개씩 하는 습관을 들였어.

get on with 시작하다, 계속하다

ex) I suppose I could get on with the ironing while I'm waiting.
기다리는 동안 다리미질 계속할 수 있을 것 같아.

get it over with 빨리 해치우다

ex) Let's just get it over with. 그냥 얼른 해치우자.

clue 단서, 실마리, 힌트

ex) I haven't (got) a clue. 무슨 상황인지 전혀 모르겠어.

get carried away 오버하다, 들뜨다, 휩쓸리다

ex) Maybe I got a bit carried away. 내가 좀 오버했나.

take turns ～을 교대로 하다

ex) We take turns cleaning the toilet. 우리 번갈아가면서 화장실 청소해.

end 끝

ex) It's not the end of the world. 세상의 끝도 아닌데 뭐.

make an impression 깊은 인상을 남기다
ex) She'll have to play better than this if she really wants to make an impression. 사람들에게 깊은 인상을 남기고 싶다면 그녀는 경기를 더 잘해야 할 거야.

let someone down 실망시키다
ex) I didn't want to let him down. 그를 실망시키고 싶지 않았어.

catch up with someone 못다 한 얘기를 하다. (진도를) 따라잡다
ex) We've got so much to catch up on. 해야 할 얘기가 너무 많아.

stuck in traffic 교통 체증
ex) I was stuck in traffic for over an hour. 교통 체증에 한 시간 넘게 갇혀 있었어.

for ages, forever 오랫동안, 한참
ex) I've been waiting for ages. 한참을 기다렸어.

be fed up with 진저리가 나다
ex) I'm fed up with my job. 내 일이 지겨워. 지긋지긋해.

be impressed ~가 인상 깊다, ~에 감탄하다
ex) I was impressed by the size of the cathedral. 난 그 성당 규모에 감탄했어.

for ages, forever 오랫동안, 한참
ex) I've been waiting for ages. 한참을 기다렸어.

on the tip of my tongue 입에 맴도는
ex) It's on the tip of my tongue. 입 안에서 뱅뱅 돌아.

at the back of my head 기억이 날 듯 말 듯한
ex) It's at the back of my head. 생각이 날 듯 말 듯한데.

fair 타당한, 공정한
ex) That's fair enough. 그럴 수 있지.

afraid / terrified of heights 고소공포증이 있는

ex) I'm not afraid of heights. 나 높은 곳 별로 안 무서워해.

keep in contact with ~와 계속 연락하며 지내다

ex) Keep in contact with friends who live far away from me.
나랑 멀리 떨어져 사는 친구들과 계속 연락해.

grow on 점점 좋아지다

ex) I wasn't sure about this album when I bought it, but it's really grown on me.
이 음반을 살 때만 해도 별로 확신이 없었는데 듣다 보니 점점 좋아지는 것 같아.

grow up on ~와 함께 자라다

ex) We grew up on these stories. 우리 이 이야기들 들으면서 자랐지.

give someone a lift ~을 태워 주다

ex) He gave me a lift home. 그가 날 차로 집까지 데려다 주었어.

life-changing 인생이 바뀔 만한

ex) Her apple crumble is life-changing. It's so good.
그녀가 만든 애플 크럼블은 진짜 인생 디저트야. 너무 맛있어.

go downhill 내리막길로 접어들다, 악화되다

ex) His health started to go downhill. 그의 건강이 점점 악화되기 시작했어.

get a refund 환불받다

ex) I took the clothes back to the shop and got a refund.
옷들을 다시 가게로 가져가서 환불받았어.

demanding 요구가 많은

ex) He's so demanding. 그는 정말 요구하는 게 많아.

have one to share 하나를 나눠 하다(먹다)

ex) I'd like to try this one as well. Maybe we can have this one to share.
이것도 먹어보고 싶은데. 이거 하나 시켜서 나눠 먹자.

get one's head around 이해하다

ex) I just can't get my head around these tax forms. 이 세금 용지들은 그냥 이해를 못 하겠어.

keep someone waiting 누군가를 기다리게 하다

ex) Sorry to keep you waiting. 오래 기다리게 해서 미안해.

satnav 내비게이션

ex) Many cars are now fitted with satnav. 이제 대부분의 차들에 내비게이션이 장착되어 있지.

keen 열정적인, 열렬한

ex) She's keen on (playing) tennis. 그 여자애는 테니스 치는 데에 진심이야.

chill (음식을) 차게 식히다

ex) I've put the beer in the fridge to chill. 맥주 시원해지라고 냉장고에 넣었어.

corridor 복도

ex) Her office is at the end of the corridor. 그녀의 사무실은 복도 제일 끝에 위치해 있어.

come across one's mind 문득 떠오르다

ex) That was the first thing that came across my mind when I won the prize.
내가 상 탔을 때 제일 먼저 생각난 게 그거였어.

fit into daily life 일상생활에 적용하다

ex) There are simple exercise routines that you can fit into your daily life.
일상생활에 적용해 볼 수 있는 간단한 운동 루틴들이 있어.

productive 생산적인

ex) He had an amazingly productive five years in which he managed to write four
novels. 그는 엄청 알찬 5년을 보냈고, 그 기간에 네 편의 소설을 써 냈어.

hairdressers, hair salon 미용실

ex) I've got a four o'clock appointment at the hairdressers. 나 4시에 미용실 예약 있어.

food shopping, grocery shopping 장보기

ex) I need to go food shopping. 나 장 보러 가야 하는데.

make the bed 침대를 정리하다

ex) I got up, dressed, made the bed and left. 일어나서 옷 입고 침대 정리한 다음에 나왔어.

do the chores 집안일하다

ex) I'll go shopping when I've done my chores. 집안일 다 하고 쇼핑 갈 거야.

binge-watch 몰아 보다, 정주행하다

ex) We binge-watched an entire season of "Sherlock" on Sunday.
우리 일요일에 〈셜록〉 전 시즌 정주행했어.

spoiler 스포일러

ex) spoiler alert 스포일러 주의

noise 소음

ex) Lots of people have complained about the noise. 많은 이들이 소음에 대해 불평했어.

first aid kit 구급약품

ex) I always keep a first aid kit in the boot of my car.
난 항상 내 차 트렁크에 구급약품을 챙겨 다녀.

do one's best 최선을 다하다

ex) She was doing her best to avoid situations that stressed her.
그녀는 스트레스 받는 상황들을 피하기 위해 애썼어.

go for a stroll 산책하다

ex) We went for a stroll along the beach. 우리는 바닷길을 따라서 산책했어.

grateful 감사한

ex) I'm so grateful (to you) for all that you've done. 네가 해준 모든 일에 나는 고마움을 느껴.

come up with something 생각해 내다

ex) She's come up with some amazing scheme to double her income.
그녀는 수입을 두 배로 늘릴 수 있는 놀라운 계획을 생각해 냈어.

lead to ~로 이어지다

ex) Eating too much sugar can lead to health problems.
당을 너무 많이 섭취하면 건강에 이상이 생기게 되지.

update someone on something ～에게 ～을 업데이트 해 주다

ex) I'll keep you updated on this. 이거 관련해서 계속 상황 업데이트 해 줄게.

on (maternity) leave (출산) 휴가

ex) I'm covering for Jess while she's on leave.
제스가 휴가 간 동안 내가 그 친구 일을 대신 보고 있어.

the 비교급～, the 비교급 ～하면 할수록 더 ～하다

ex) The sooner, the better. 빠를수록 좋아.

suitcase 캐리어, 여행 가방

ex) I haven't packed my suitcase yet. 아직 짐을 안 썼어.

day off 쉬는 날, 휴일

ex) I'm taking three days off next week. 나 다음 주에 3일간 쉬어.

be off 떠나다

ex) I'll be off then. 그럼 이만 가 볼게.

for the time being 당분간

ex) You can leave your suitcase here for the time being. 당분간은 여기에 캐리어 둬도 돼.

hangover 숙취

ex) I was having a terrible hangover this morning. 오늘 아침에 숙취가 너무 심했어.

run into, bump into 마주치다

ex) I bumped into an old school friend in town today. 오늘 시내에서 옛 동창을 마주쳤어.

mug 머그컵

ex) I made myself a large mug of cocoa and went to bed.
나는 코코아를 한 잔 가득 들고 침대로 향했어.

horrible 끔찍한, 지독한

ex) The smell was horrible. 냄새가 끔찍했어.

horrendous 불쾌한, 끔찍한

ex) She suffered horrendous injuries. 그녀는 끔찍한 부상을 입었어.

ridiculous 말도 안 되는, 우스꽝스러운

ex) It's ridiculous to expect a two-year-old to be able to read!
두 살 된 아기가 글을 읽을 수 있을 거라고 생각하다니 말도 안 되는 거지!

fuming 화가 치미는

ex) Days after the argument, he was still fuming.
다투고 며칠이 지난 후에도 그는 화가 잔뜩 나 있었어.

cupboard 벽장, 찬장

ex) We keep the hoover and mop in a cupboard under the stairs.
우리는 계단 밑 벽장에 청소기랑 대걸레를 보관하고 있어.

fingers crossed 행운을 빌다, 잘 되길 바라다

ex) He's injured at the moment but fingers crossed he'll be able to play soon.
그가 지금 부상을 당하기는 했지만 얼른 나아서 경기를 뛸 수 있길 바라.

a piece of cake 식은 죽 먹기

ex) The exam was a piece of cake. 시험이 정말 쉬웠어.

adjust 조절하다, 조정하다

ex) If the chair is too high, you can adjust it to suit you.
의자가 너무 높으면 너한테 맞게 조정할 수 있어.

asleep 잠이 든, 자고 있는

ex) I was asleep. 난 자고 있었어.

comforting 위로가 되는

ex) I found her words very comforting. 그녀가 해준 말이 정말 큰 위로가 됐어.

crucial 중대한, 결정적인

ex) Her work has been crucial to the project's success.
그녀의 업무는 프로젝트의 성패가 달려 있을 정도로 매우 중요했어.

order takeaway 포장 주문하다
ex) Should I order a takeaway? 포장 주문할까?
have something delivered ～을 배달시키다
ex) We had the pizza delivered. 우리 피자 시켜 먹었어.
lopsided 한쪽이 처진, 한쪽으로 치우친
ex) It's lopsided. 한쪽으로 기울었어.
figure out 생각해 내다, 알아내다
ex) We need to figure out what went wrong. 우리 뭐가 잘못된 건지 알아내야 해.
do the dishes 설거지하다
ex) It's your turn to do the dishes. 네가 설거지할 차례야.
do the washing 빨래하다
ex) He'll do the washing. 그가 빨래할 거야.
hang the washing 빨래를 널다
ex) I was hanging the washing. 빨래 널고 있었어.
feel free to 마음대로 ～하다, 부담없이 ～하다
ex) Feel free to help yourself to coffee. 커피 드시고 싶으면 드셔도 돼요.
wardrobe 옷장
ex) He hung his suit in the wardrobe. 그는 옷장에 슈트를 걸었어.
have an eye on something 지켜보다, 눈독을 들이다
ex) I've got my eye on that dress for quite some time. 저 원피스에 눈독 들인 지 꽤 됐어.
naughty 버릇없는, 말을 안 듣는, 약간 무례한
ex) Naughty! 짓궂어!

dodgy 의심스러운, 부정직해 보이는
ex) That sounds dodgy. 뭔가 의심스러운데.
crack on ~을 열심히 하다, 계속하다
ex) If we crack on with the painting we should finish it today. 우리가 페인트칠 열심히 하면 오늘 안에 끝낼 수 있을 거야.
rubbish 쓰레기, 형편없는 것, 말도 안 되는 소리
ex) That's rubbish! 말 같지도 않은 소리!